FRECUENCIAS

Español comunicativo para el siglo XXI

Libro de ejercicios

Equipo **Frecuencias**

Nivel

B1

PARTE 1 B1.1

Edinumen

Créditos fotográficos:

Pág. 11, Página de FaceBook: Seasontime, Shutterstock.com; **Pág. 15**, Shakira: vipflash, Shutterstock.com; Escudos del Barcelona FC y del Real Madrid: Rose Carson, Shutterstock.com; Rafael Nadal: Leonard Zhukovsky, Shutterstock.com; **Pág. 21**, Escuela en Colombia: Maarten Zeehandelaar, Shutterstock.com; **Pág. 23**, Agricultura extensiva: Alf Ribeiro, Shutterstock.com; Recarga de coches eléctricos: RossHelen, Shutterstock.com; **Pág. 26**, Carnicería en Oaxaca, México: Just Another Photographer, Shutterstock.com; **Pág. 32**, Habitación: Tuan Anh Vu, Shutterstock.com; **Pág. 33**, Casa Lleó Morera: Pen_85, Shutterstock.com; Interior de la Sagrada Familia: Albert Nowicki, Shutterstock.com.

ISBN - Libro de ejercicios: 978-84-9179-667-1
Depósito Legal: M-24430-2021

Impreso en España
Printed in Spain
1021

Coordinación pedagógica:
M.ª José Gelabert

Coordinación editorial:
Mar Menéndez

Diseño de maqueta:
Juanjo López y Sara Serrano

Diseño de portada y maquetación:
Carlos Casado, Juanjo López y Sara Serrano

Estudio de grabación:
Producciones Activawords

Impresión:
Gráficas Muriel

Editorial Edinumen
José Celestino Mutis, 4. 28028 Madrid. España
Teléfono: (34) 91 308 51 42
Correo electrónico: edinumen@edinumen.es
www.edinumen.es

EXTENSIÓN DIGITAL en ELEteca

Un espacio en constante actualización

- Las **audiciones** de este libro se encuentran disponibles y descargables en nuestra plataforma educativa.
- Para acceder a este espacio, entra en la **ELEteca** (https://eleteca.edinumen.es), activa el código que tienes a continuación y sigue las instrucciones.

CÓDIGO DE ACCESO*

x59FaKMFCB

Para más información, consultar los términos de uso de la ELEteca.

* Este código de activación permite el acceso a los materiales digitales que acompañan este producto durante dieciocho meses.

Índice

Unidad 1 Encuentro de culturas

Palabras

1 Encuentra el intruso y justifica tu respuesta.

1. mar | océano
   río | península
   lago
2. costa | playa
   cabo | estrecho
   cordillera
3. montaña | costa
   pico | meseta
   altiplano
4. bosque | selva
   desierto | valle
   campo

1a Observa las imágenes y completa los textos con algunas de las palabras de la actividad anterior.

En los Picos de Europa, en Asturias, a más de 1000 metros de altura, se encuentran los famosos [1] .... de Covadonga. Con aguas oscuras y de origen glaciar, están rodeados de nevadas [2] .... y de verdes [3] .... en los que se alimenta el ganado.

La [4] .... de la Muerte, está en el noroeste de la [5] .... ibérica, en la provincia de La Coruña (Galicia). Situada entre los [6] .... de Roncudo y de Finisterre, es famosa por sus bellos paisajes y sus [7] .... vírgenes de arena blanca.

El Mulhacén, con una altitud de 3482.6 metros sobre el nivel del [8] ...., es el [9] .... más alto de la [10] .... ibérica. Situado en la provincia de Granada, en Andalucía, pertenece al parque natural de Sierra Nevada, en la [11] .... Penibética.

El [12] .... de Tabernas está situado al norte de Almería, en Andalucía, entre dos sierras que lo aíslan de los vientos húmedos de la cercana [13] .... del [14] .... Mediterráneo. Está considerado el único desierto propiamente dicho de todo el continente europeo.

2 Completa el crucigrama con las palabras correspondientes a cada definición.

HORIZONTALES

1. Periodo de diez años.
2. Personas que practican la religión islámica.
3. Edificios destinados al culto religioso.
4. Fase en el desarrollo de algo.
5. Personas que practican la religión de Cristo.

VERTICALES

1. Lugar de culto de los musulmanes.
2. Periodo de cien años.
3. El cristianismo, el judaísmo o el islam son…
4. Templos cristianos.
5. Lo contrario de *ateo.*
6. Tiempo caracterizado por determinados hechos históricos y modos de vida.
7. Personas que practican el judaísmo.

2a Completa el texto con las palabras de la actividad anterior.

¿Qué fue la Reconquista?

En la segunda [1] .... del [2] .... VIII, los [3] .... ocupaban casi toda la península ibérica. Solo la región montañosa del norte quedó en manos de los [4] .... Desde allí, y a partir del triunfo en la batalla de Covadonga (año 722), los cristianos iniciaron un lento pero persistente avance hacia el sur para reconquistar el territorio ocupado.

Poco a poco, y en diferentes [5] ...., fueron surgiendo los reinos de Asturias, León, Navarra, Portugal, Castilla y Aragón. Finalmente, en 1492, en tiempos de los Reyes Católicos, la toma de Granada, último reino musulmán, puso fin a la Reconquista.

El territorio reconquistado se repartió principalmente entre la nobleza guerrera, que dedicó sus grandes posesiones sobre todo a la ganadería. Por su parte, los mudéjares (musulmanes que permanecían en los territorios cristianos) se dedicaban en aquella [6] .... a la agricultura y a la pequeña industria. También había muchos [7] ...., que se dedicaban al comercio, los préstamos y los trabajos artesanos. Los [8] .... musulmanes y judíos eran tan numerosos en algunas zonas como los cristianos.

Parte de la valiosa herencia de aquella época en la que convivieron las tres culturas la encontramos en la arquitectura, en especial, los [9] ...., donde los fieles rendían culto a sus respectivas [10] ....
El principal ejemplo de este tipo de edificios es la famosa [11] .... de Córdoba, iniciada en el año 785 bajo el reinado del emir omeya Abderramán I y hoy Patrimonio de la Humanidad. Hubo muchos templos no cristianos repartidos por todo el territorio español, algunos desaparecidos porque se construyeron sobre ellos [12] .... católicas.

Adaptado de https://www.elhistoriador.com.ar/la-reconquista-espanola/

3 Escucha la noticia y relaciona la información de forma correcta.

[1]

1. Un 1.7 % de los españoles
2. El 35.5 % de los españoles
3. Un 20.4 % de los madrileños
4. Un 45.9 % de los catalanes
5. Un 50 % de los riojanos
6. Un 13.8 % de los valencianos
7. Un 16.9 % de los vascos
8. Un 90 % de los riojanos

a. se define como católico (ya sea practicante o no).
b. se define como católico no practicante.
c. se declara católico practicante.
d. se declara indiferente ante la Iglesia.
e. es la suma de ateos, agnósticos y no creyentes.
f. afirma pertenecer a alguna religión que no es la católica.

3a Escribe en letras los porcentajes anteriores. Fíjate bien en cómo están escritos.

1. 1,7 % › ....
2. 35.5 % › ....
3. 20,4 % › ....
4. 45.9 % › ....
5. 50 % › ....
6. 13.8 % › ....
7. 16,9 % › ....
8. 90 % › ....

4 Completa las frases con los verbos del recuadro en el tiempo correcto.

repetir | añadir | afirmar | asegurar | reconocer | advertir

1. Te lo ...., si te pones a jugar antes de terminar los deberes, te voy a castigar.
2. La ministra de Educación .... hoy que todas las comunidades recibirán el mismo presupuesto para becas de estudios. ...., además, que parte de ese presupuesto se iba a destinar a becas en el extranjero.
3. El conductor finalmente .... ante las autoridades que el accidente se debió a una distracción al volante.
4. Te lo ....: no quiero ir a la boda de Patricia. ¿Cómo te tengo que decir que no me gustan las bodas?
5. Según un estudio, el 77.6 % de los españoles .... que compra productos sostenibles.

Gramática

5 **Elige la opción correcta para completar las frases. En algunos casos puede haber más de una opción posible.**

1. Cuando **salí/salía/he salido** de casa, **hizo/hacía/ha hecho** bastante frío.
2. Todavía no **recibimos/recibíamos/hemos recibido** la invitación para la fiesta.
3. Cuando el otro día nos lo **dijo/decía/ha dicho** Rubén, ya lo **supimos/sabíamos/hemos sabido**.
4. Rosa no **vino/venía/ha venido** a la cena porque **tuvo/tenía/ha tenido** mucho trabajo.
5. Anoche **fui/iba/he ido** a verlo, pero no **estuvo/estaba/ha estado** en casa.
6. Hoy, cuando **fui/iba/he ido** en el metro, **vi/veía/he visto** a Marta.

6 **Ilse y Kevin están de vacaciones por Andalucía. Lee lo que ha escrito Ilse en su diario y complétalo escribiendo los verbos entre paréntesis en el tiempo adecuado del pasado: perfecto, indefinido o imperfecto.**

Después de unos fantásticos días en Granada, ayer [1] .... (continuar, nosotros) el viaje hacia Córdoba. [2] .... (Hacer) parada en Frigiliana, un pueblecito blanco de Málaga entre la sierra y el mar. [3] .... (Dar) un paseo por las calles del casco antiguo leyendo en unos letreros parte de su historia y cómo [4] .... (caer) sus últimos habitantes moriscos en manos de los cristianos durante la Reconquista.

Frigiliana, Málaga

Cuando [5] .... (llegar) a Córdoba, [6] .... (ser) casi las nueve, así que [7] .... (dejar) el equipaje en el hotel y [8] .... (irse) a cenar a una terracita.

Hoy no [9] .... (parar) en todo el día. Primero [10] .... (pasear) por el barrio de la judería y [11] .... (llegar) a ¡la plaza más pequeña del mundo! Se accede a ella por la calleja del Pañuelo, que se llama así porque tiene la medida de un pañuelo de punta a punta. Y sí, es verdad, porque [12] .... (hacer) la prueba. Para pasar, [13] .... (tener) que turnarnos porque no [14] .... (caber) todos.

También [15] .... (visitar) la plaza del Potro, donde están el Museo de Bellas Artes y el del pintor Julio Romero de Torres, que [16] .... (hacerse) muy famoso en su época por retratar a mujeres andaluzas. Parece ser que esta plaza es un orgullo para los cordobeses porque Cervantes la [17] .... (mencionar) en el *Quijote*. Es que, por lo visto, Cervantes [18] .... (vivir) en Córdoba varios años porque parte de su familia [19] .... (ser) de esta ciudad.

Por la tarde, [20] .... (ir) a un típico patio cordobés. Son patios interiores de casas tradicionales, con paredes blancas decoradas con macetas con flores. En 2012 [21] .... (ser) declarados Patrimonio Cultural de la Humanidad. Todos los años, en el mes de mayo, se celebra un concurso para premiar a los más bonitos de la ciudad. El patio en el que [22] .... (estar) nosotros lo [23] .... (ganar) ya tres veces.

Cristo de los Faroles

Callejeando, [24] .... (llegar) a una pequeña plaza con una cruz en el centro, la plaza del Cristo de los Faroles. Justo en ese momento, [25] .... (estarse) poniendo el sol. ¡Creo que [26] .... (ser) uno de los atardeceres más bonitos que [27] .... (ver, yo) en mi vida!

Y mañana la Mezquita y las ruinas de Medina Azahara; creo que necesitaríamos más días para ver Córdoba, pero Cádiz nos espera y nos [28] .... (decir, ellos) que sus playas son increíbles. ¡Qué ganas!

6a Completa la información con las palabras del recuadro y añade, después, algunos ejemplos del texto anterior.

indefinido | desarrollo | imperfecto | experiencias | terminado | perfecto

- Usamos el pretérito [1] .... para hablar de acciones terminadas en un tiempo aún no terminado o que percibimos como presente. Ejemplos: ....
  También se usa para hablar de [2] .... en general, sin una idea específica de tiempo. Ejemplos: *23*, ...
- Usamos el pretérito [3] .... para hablar de acciones terminadas en un tiempo también [4] ....
  Sirve para contar anécdotas, hechos históricos o acontecimientos. Ejemplos: ....
- El pretérito [5] .... presenta la acción en un tiempo pasado, pero no especifica el comienzo o el final de la misma, solo indica su [6] .... Ejemplos: ....
- Para narrar usamos el pretérito [7] .... y el pretérito [8] ...., mientras que para describir o hablar de las circunstancias que rodean los hechos usamos el [9] .... Ejemplos: ....

7 Relaciona cada frase con su continuación y después escribe los verbos entre paréntesis en pretérito indefinido o pretérito pluscuamperfecto según corresponda.

1. Cuando .... (encontrar, nosotros) el museo,
2. Le .... (decir, yo) que tenía hambre y a los cinco minutos
3. ¡Me encanta Córdoba!,
4. El lunes no .... (ir, yo) a la reunión,
5. Cuando .... (llegar, yo) al trabajo,
6. .... (Ir, nosotros) a ese restaurante
7. Esas galletas te .... (quedar) buenísimas,
8. .... (Sacar, ella) tan buena nota
9. Le .... (decir, yo) que era un secreto

a. nunca las .... (hacer, tú) con canela, ¿no?
b. porque nadie me .... (avisar).
c. ya lo .... (cerrar, ellos).
d. porque nos lo .... (recomendar) unos amigos.
e. y al día siguiente ya .... (enterarse) toda la empresa. ¡No vuelvo a confiar en ella!
f. me .... (dar) cuenta de que .... (olvidar, yo) el monedero en casa.
g. porque .... (estudiar) mucho.
h. ya .... (preparar, él) unos sándwiches.
i. creo que nunca .... (estar, yo) en una ciudad tan bonita.

7a Clasifica en la tabla los verbos en pretérito pluscuamperfecto de la actividad anterior según su uso.

Hablar de un pasado anterior a otro pasado	Hablar de una experiencia que se tiene por primera vez	Expresar la inmediatez de una acción

8 Escribe frases usando el pretérito pluscuamperfecto y las siguientes palabras.

1. ya › ....
2. todavía no › ....
3. nunca antes › ....
4. a los cinco minutos › ....
5. el día anterior › ....

9 **Lee las siguientes citas de algunos escritores del mundo hispánico y transfórmalas a estilo indirecto.**

"Uno no es lo que es por lo que escribe, sino por lo que ha leído".
Jorge Luis Borges (1899-1986)

"Pueden cortar todas las flores, pero no pueden detener la primavera".
Pablo Neruda (1904-1973)

"Alcancé a comprender que el tiempo nunca se gana y nunca se pierde, que la vida se gasta, simplemente".
Almudena Grandes (1960)

"He conocido a mucha gente a lo largo de mi vida que, en nombre de ganar dinero para vivir, se lo toman tan en serio que se olvidan de vivir".
Carmen Martin Gaite (1925-2000)

"En la bandera de la libertad bordé el amor más grande de mi vida".
Federico García Lorca (1898-1936)

"Nadie ofrece tanto como el que no va a cumplir".
Francisco de Quevedo (1580-1645)

1. Jorge Luis Borges dijo que ....
2. Pablo Neruda dijo que ....
3. Almudena Grandes dijo que ....
4. Carmen Martín Gaite dijo que ....
5. Federico García Lorca dijo que ....
6. Francisco de Quevedo dijo que ....

10 **Transforma las siguientes frases a estilo indirecto o viceversa, según corresponda.**

1. ¿Por qué no viniste ayer? › Me preguntó ....
2. .... ‹ Me dijo que habían tenido problemas con el servidor.
3. No podemos quedarnos aquí, va a empezar a llover. › Dijo que ....
4. ¿Quieres venir con nosotros al cine? › Me ha preguntado ....
5. .... ‹ El presidente ha asegurado que promoverán el uso de las bicicletas en la ciudad.
6. ¿Te has apuntado a la excursión? › Me ha preguntado ....
7. .... ‹ Nos preguntó que dónde nos habíamos conocido.
8. Esta es la escuela en la que hemos estudiado mis hermanos y yo. › Laura me contó que ....
9. .... ‹ Afirmó que había revisado ese informe varias veces.
10. .... ‹ El vigilante exclamó que teníamos que salir rápidamente de allí.

11 [2] **Esta mañana María ha salido de viaje por trabajo y ha olvidado el móvil en casa. Cuando llega al hotel, llama a Luis, su marido, y le pregunta si tiene llamadas o mensajes en el contestador. Imagina que eres Luis, escucha los mensajes y transmíteselos a Ana.**

MENSAJE 1	MENSAJE 2	MENSAJE 3
Tu madre...	*El centro de salud...*	*Tu colega Ana...*

MENSAJE 4	MENSAJE 5	MENSAJE 6
Tu jefe...	*La dependienta de la zapatería...*	*Tu amiga Lucía...*

Cultura

12 Completa el texto con las palabras del recuadro.

Iberia | al-Ándalus | Hispania | Sefarad

La península ibérica ha tenido diferentes nombres a lo largo de la historia. El nombre con el que la llamaban los griegos que llegaron hasta ella para fundar ciudades era [1] .... Algunos siglos después, los romanos colonizaron toda la península y le dieron el nombre de [2] .... Los judíos que vivieron en la península desde la época romana hasta el siglo XV la conocían como [3] .... y los musulmanes, tras conquistarla en el siglo VIII, la llamaron [4] ....

13 **Escribe debajo de las imágenes a qué cultura crees que pertenece cada una: romana, musulmana o judía.**

1

....

2

....

3

....

4

....

5

....

6

....

13a [3] **Escucha y comprueba tu respuesta anterior. Después escribe el nombre de cada monumento y la ciudad donde se encuentra.**

1. ....
2. ....
3. ....
4. ....
5. ....
6. ....

14 **Ordena el siguiente texto sobre el origen de la palabra *España*.**

a. ☐ la ciudad principal de la península, los fenicios, y posteriormente los romanos, dieron ese nombre a todo el territorio.

b. ☐ *Hispania* es una variación de *Hispalis*, palabra de origen íbero que se piensa que significa 'la ciudad de occidente', y que al ser Hispalis, la actual Sevilla,

c. ☐ La palabra *España* tiene su origen en *Hispania*, el nombre que usaban los romanos para el conjunto de la península ibérica. Los historiadores y escritores latinos pensaban que...

d. ☐ que se traduce como "tierra donde se trabajan los metales". Sin embargo, han existido otras teorías que defendían la creencia de que...

e. ☐ esta palabra significaba 'tierra de conejos'. Pero la teoría más aceptada en la actualidad sugiere que viene de *I-span-ya*, palabra fenicia

Unidad 2 EnREDados

Palabras

1 Marca las palabras que designan dispositivos electrónicos.

1. portátil
2. pantalla
3. enlace
4. batería
5. contraseña
6. tableta
7. ratón
8. programa
9. cargador
10. lápiz de memoria
11. usuario
12. móvil
13. aplicación
14. conexión
15. teclado
16. correo
17. cámara
18. reloj inteligente
19. antivirus
20. cascos/auriculares

1a Relaciona las palabras marcadas anteriormente con su imagen correspondiente.

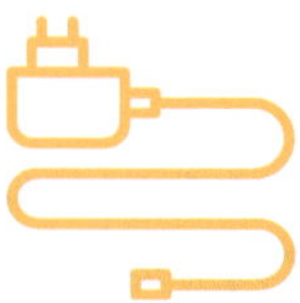
A

B

C

D

E

F

G

H

I

J

K

L

2 Escribe el verbo que representa cada imagen.

1. ....

2. ....

3. ....

4. ....

5. ....

6. ....

3 Escribe la palabra correspondiente a cada definición.

1. Transferir información desde internet al propio ordenador. También se le suele llamar *bajar*: ....
2. Dispositivo electrónico de pequeño tamaño que se maneja con la mano y mediante el que se pueden dar instrucciones al ordenador para que realice una determinada acción: ....
3. Programa informático que sirve para detectar las amenazas en nuestro equipo y desinfectar o eliminar los archivos infectados: ....
4. Dispositivo que se conecta al ordenador y en el que aparecen las imágenes: ....
5. Dispositivo externo de almacenamiento de datos. También se le llama *pen* o *pendrive*: ....
6. Conjunto de caracteres conocido solo por el usuario que le permite el acceso a zonas privadas: ....
7. Programa diseñado para encontrar sitios o páginas web y navegar por ellos: ....
8. Texto destacado que nos lleva a otra parte del documento o a otra página web al hacer clic en él: ....
9. Enviar un archivo de cualquier tipo (textual, de imágenes…) junto a un mensaje: ....

4 Completa las frases con los verbos del recuadro.

colgar | navegas | descargarse | reenvías | intercambiar | adjunto | crear | instalarte

1. Perdona, pero no encuentro el mensaje del que me hablas. ¿Me lo ....?
2. Verás que junto al mensaje te .... un documento. Ahí vienen las tarifas de los cursos.
3. Si no quieres tener problemas y manejas información sensible en tu ordenador, lo que tienes que hacer es .... un antivirus.
4. A la hora de .... una contraseña, debes intentar que esta incluya mayúsculas y minúsculas y también diferentes tipos de caracteres.
5. Antes de .... fotos en tus redes sociales, asegúrate de que a las personas que aparecen en ellas no les importa que lo hagas.
6. Esta herramienta es muy útil; con ella podremos .... archivos entre nosotros mientras estamos teletrabajando.
7. Una vez inscritos, los estudiantes podrán .... la programación del curso así como los contenidos del primer módulo.
8. Si .... por internet, asegúrate de que las páginas que visitas son seguras.

5 Elige la opción correcta.

1. Descargarse **un navegador/una página/un programa/una cuenta/un perfil**.
2. Colgar **un navegador/un archivo/un antivirus/una cuenta/un programa.**
3. Publicar **un buscador/un programa/un antivirus/una cuenta/una imagen.**
4. Abrirse **información/datos/un antivirus/una cuenta/una imagen/un documento.**
5. Crear **un navegador/una imagen/un buscador/un perfil/un antivirus.**
6. Entrar en **una página/una información/una imagen/un programa/un antivirus.**

6 Escucha las intervenciones y relaciónalas con su imagen correspondiente.

[4]

A ☐

B ☐

C ☐

D ☐

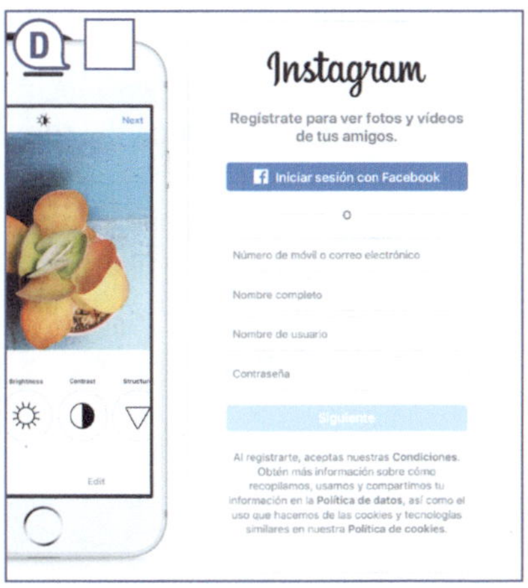

6a Relaciona las frases con las situaciones anteriores.

1. ☐ Explica cómo publicar contenidos en una red social.
2. ☐ Dice que los datos que te solicitan solo se usan de forma privada.
3. ☐ Dice que te permite liberar espacio en tu ordenador.
4. ☐ Da consejos a alguien que no consigue instalarse una aplicación.
5. ☐ Quiere crearse una cuenta en una red social.
6. ☐ Asegura que puedes almacenar mucha información de forma gratuita y segura.
7. ☐ Aconseja desinstalar antes una versión más antigua.
8. ☐ Recomienda que selecciones quién ve tus publicaciones.

7 Escribe en cuaderno cuáles son tus hábitos en relación con las nuevas tecnologías en el trabajo, en tus estudios o en tu vida personal. Explica dónde las usas más y cómo y qué sueles hacer en cada caso.

Gramática

8 Completa la tabla con las formas que faltan del presente de subjuntivo regular.

	Hablar	Comprender	Subir
yo	hable	[4]	suba
tú	[1]	comprendas	[7] ....
él, ella, usted	[2]	comprenda	[8] ....
nosotros/as	hablemos	[5]	subamos
vosotros/as	[3]	comprendáis	[9] ....
ellos, ellas, ustedes	hablen	[6]	suban

9 Completa la tabla con las formas que faltan del presente de subjuntivo irregular.

	Perder e › ie	Mentir e › ie + e › i	Poder o › ue	Morir o › ue + o › u	Seguir e › i
yo	pierda	[4]	[8]	muera	siga
tú	[1]	mientas	puedas	[11]	sigas
él, ella, usted	[2]	[5]	pueda	muera	[15] ....
nosotros/as	[3]	mintamos	[9]	[12]	[16] ....
vosotros/as	perdáis	[6]	podáis	[13]	[17] ....
ellos, ellas, ustedes	pierdan	[7]	[10]	[14]	sigan

10 Clasifica los verbos del recuadro en la tabla según su forma en presente de subjuntivo.

impedir | recordar | pensar | repetir | leer | querer | sentir | comenzar | preferir
estudiar | almorzar | volver | reír | vestir | empezar | llover | volar | imprimir | situar | invertir

e › ie	e › ie + e › i	o › ue	e › i	Regular

11 Escribe el presente de subjuntivo de los siguientes verbos en la persona indicada.

1. hacer, nosotras › ....
2. construir, tú › ....
3. oír, ellos › ....
4. decir, yo › ....
5. salir, vosotros › ....
6. haber, ella › ....
7. ser, ellas › ....
8. saber, vosotras › ....
9. ir, yo › ....
10. traer, nosotros › ....
11. conocer, él › ....
12. ver, tú › ....

11a Completa cada frase con una de las formas verbales de la actividad anterior.

1. No quiere que .... lo que pienso.
2. Os prohíben que .... a la calle sin su permiso.
3. Deseamos que Mario .... a nuestro bebé.
4. No nos dejan que .... el móvil a clase.

12 Completa las frases con los verbos del recuadro en la forma correcta.

imponer | reducir | caer | influir | pagar | indicar

1. Si tiene algún tipo de alergia, le ruego que lo .... en esta casilla.
2. ¿Puedes ayudarme con esto? Es que pesa mucho y no quiero que se me ....
3. Espero que te .... bien este trabajo, así podremos planear unas buenas vacaciones.
4. Si quieres que tu hijo te haga caso, te recomiendo que no le .... las cosas.
5. No voy a darte mi opinión porque no quiero que .... en tu decisión.
6. Si quiere perder peso, le aconsejo que .... el consumo de azúcar y de grasas.

13 Escucha los diálogos y marca qué función o funciones se expresan en cada uno de ellos.

[5]

	Diálogo 1	Diálogo 2	Diálogo 3	Diálogo 4	Diálogo 5	Diálogo 6	Diálogo 7
1. Dar consejo o recomendación.	☐	☐	☐	☐	☐	☐	☐
2. Pedir consejo o recomendación.	☐	☐	☐	☐	☐	☐	☐
3. Pedir permiso.	☐	☐	☐	☐	☐	☐	☐
4. Conceder permiso.	☐	☐	☐	☐	☐	☐	☐
5. Expresar prohibición.	☐	☐	☐	☐	☐	☐	☐
6. Expresar deseo.	☐	☐	☐	☐	☐	☐	☐
7. Hacer una petición.	☐	☐	☐	☐	☐	☐	☐

14 Relaciona cada frase con lo que expresa.

1. Te ordeno que salgas ahora mismo de aquí.
2. No quiero que te vayas tan pronto.
3. No dejan que salgamos a esta hora.
4. Te sugiero que la llames antes de ir a su casa.
5. Te dejo que veas la tele, pero solo un rato.
6. Les rogamos que mantengan los móviles apagados durante la función.

a. prohibición
b. consejo
c. orden
d. permiso
e. deseo
f. petición

15 Indica si las siguientes frases son correctas o incorrectas y, después, corrige las incorrectas.

1. Os prohíbo salir antes del final de la clase. .... C I
2. Te pido escucharme, por favor. .... C I
3. La profesora espera que terminamos el trabajo antes de mañana. .... C I
4. Nos ordena que hagamos la cama antes de salir de casa. .... C I
5. Te suplico que bajes el sonido de la música. Me va a estallar la cabeza. .... C I
6. ¿Me aconsejas que visite Bilbao? ¿Es interesante? .... C I
7. ¿Nos recomiendas que cenamos en este restaurante? Tú sueles ir, ¿verdad? .... C I
8. Os sugiero que llevéis el paraguas, va a llover. .... C I
9. Por suerte, nuestro trabajo nos permite viajar mucho. .... C I
10. ¿Nos dejas veamos la tele un ratito? .... C I
11. Te ruego que me ayudas con este ejercicio. Es que no consigo entenderlo. .... C I
12. Quiero que me dejes en paz de una vez. .... C I

16 Completa el texto escribiendo los verbos entre paréntesis en imperativo afirmativo o negativo según corresponda.

Diez claves para tomarse un respiro tecnológico

El exceso de tecnología puede provocarnos daños en la salud física y mental. En ocasiones, la desconexión digital se vuelve necesaria. Si crees que ha llegado ese momento, estos consejos te ayudarán a conseguirlo.

1. [1] .... (Fijar) el tiempo para "resetearte". Lo ideal es que dure entre tres días y una semana. Las vacaciones suelen ser un buen momento.
2. [2] .... (Tomárselo) con calma. Es normal que los primeros días sientas ansiedad y la necesidad de conectarte. Tranquilidad, esa sensación irá desapareciendo.
3. [3] .... (Encender) ni el ordenador ni la tableta, ni siquiera con la excusa de ver tu serie favorita. En su lugar, [4] .... (irse) al cine.
4. [5] .... (Apagar) el móvil. Si por motivos personales te resulta imposible, [6] .... (establecer) un horario para su uso y solo para llamadas importantes.
5. Apagar el móvil significa no usar cualquiera de sus utilidades: [7] .... (caer) en la tentación de mirar tu WhastApp, [8] .... (desactivar) las notificaciones, y por supuesto, [9] .... (conectarse) a internet ni a las redes sociales.
6. [10] .... (Usar) el despertador en lugar del teléfono. O mejor aún, si has decidido desconectar durante las vacaciones, [11] .... (dejarse) despertar por los rayos de sol.
7. [12] .... (Dedicarse) tiempo haciendo cosas que te gusten: [13] .... (salir) a caminar, [14] .... (practicar) yoga, [15] .... (cocinar)..., lo que quieras, siempre que no esté relacionado con la tecnología.
8. [16] .... (Tener) cerca ningún dispositivo. Un truco: si pasas el mayor tiempo posible fuera de casa, será más difícil echar de menos la tecnología.
9. Pasado el periodo de desconexión total, [17] .... (adoptar) nuevos hábitos para evitar que la situación se repita; por ejemplo, [18] .... (hacer) limpieza de aplicaciones y [19] .... (desinstalar) las que creas que no necesitas, así te librarás de notificaciones sin importancia que distraen tu atención.
10. [20] .... (Recordar) que lo importante es que tú controles la tecnología, no que la tecnología te controle a ti.

Adaptado de https://www.webconsultas.com/curiosidades/detox-digital-10-claves-para-tomarse-un-respiro-tecnologico

16a Transforma los imperativos del texto anterior de afirmativo a negativo y viceversa.

1.	6.	11.	16. ....
2.	7.	12.	17. ....
3.	8.	13.	18. ....
4.	9.	14.	19. ....
5.	10.	15.	20. ....

16b ¿Has sentido tú también en algún momento la necesidad de "desconectarte"? ¿Qué consejos del texto que has leído te parecen acertados? ¿Cuáles añadirías tú? Escríbelo en tu cuaderno.

17 Escucha y completa las respuestas con las palabras que faltan.

[6]

1. Sí, claro, ...
2. No, ..., las voy a usar yo para hacer un pastel.
3. No, ... aún, que se ponen muy nerviosos.
4. Sí, ..., que conoces mejor sus gustos.
5. Sí, ..., muchas gracias.
6. .... a Pepe, creo que fue el último que las usó.
7. No, ... aún, esperad a que estemos todos.
8. No, claro, ... ¿Se encuentra bien?

Cultura

18 Elige la opción correcta.

1. En la actualidad el español es la .... lengua más usada en internet.
   a. primera b. segunda c. tercera
2. .... de los usuarios de internet se comunica en español.
   a. El 5 %
   b. Casi el 8 %
   c. Más del 10 %
3. El .... y el .... son, junto con el español, las lenguas más usadas en internet.
   a. inglés/chino
   b. inglés/árabe
   c. inglés/alemán
4. Si en España decimos ordenador, en algunos países de Hispanoamérica dicen ....
   a. ordenadora
   b. computador
   c. computadora
5. .... es el único país de habla hispana que está entre los veinte países con más usuarios de internet.
   a. Argentina b. México c. España
6. Mientras que en España hacemos una copia de seguridad, en México hacen una ....
   a. copia de control
   b. copia de garantía
   c. copia de respaldo
7. El español es la segunda lengua más hablada en ....
   a. Facebook y Twitter
   b. Facebook e Instagram
   c. Instagram y Facebook
8. Sus páginas son las más seguidas en España.
   a. Shakira.
   b. Rafael Nadal.
   c. Los clubs de fútbol del Real Madrid y del Barça.

19 Lee el texto e inserta los fragmentos que faltan en su lugar correspondiente.

Las redes sociales más populares en España

Un estudio revela que pasamos casi dos horas al día en las redes sociales. Hace apenas unos días, [1] ☐, WhatsApp anunciaba que había alcanzado los 2000 millones de usuarios [2] ☐. Desde que llegó al mercado de aplicaciones [3] ☐, la plataforma de mensajería ha ido evolucionando hasta convertirse en una auténtica red social [4] ☐.

Así lo daba a conocer la compañía a través de un comunicado con el que se confirmaba como una de las plataformas más populares [5] ☐. A pesar de este último dato, no consigue establecerse en España [6] ☐.

Según el informe *Digital 2020* de Hootsuite y We Are Social, YouTube es la red social favorita en España: el 89 % de los españoles está familiarizado con esta plataforma. De esta manera, [7] ☐ se impone a otras como WhatsApp (86 %), Facebook (79 %), Instagram (65 %) y Twitter, quinta clasificada con un 53 %.

Y es que el uso de redes sociales no ha dejado de crecer [8] ☐. Según los datos recogidos por Hootsuite, un 49 % de la población mundial (3805 millones de personas) reconoce estar familiarizado con estas; [9] ☐, los responsables del informe aseguran que 29 millones de personas utilizan alguna de estas plataformas [10] ☐. Unos usuarios que, de media, permanecen conectados 1 hora y 51 minutos al día.

Adaptado de https://cadenaser.com/ser/2020/02/17/ciencia/1581937474_512829.html

a. desde la que podemos realizar distintas acciones
b. la popular plataforma de vídeos
c. a diario
d. concretamente el pasado 11 de febrero
e. en todo el planeta
f. durante los últimos años
g. en enero de 2009
h. en el caso de España
i. como la red social más popular
j. en el mundo digital

Unidad 3 Un poco de educación

Palabras

1 Lee esta información sobre una escuela de español y escribe las palabras del recuadro en su lugar correspondiente.

cursos | clases | matrícula | horarios | bachillerato | aprendizaje | intercambio | asignaturas

Nuestra escuela ofrece diferentes programas para el [1] .... del español. Tenemos [2] .... intensivos de cuatro horas diarias que te permitirán una rápida inmersión en la lengua y la cultura españolas.

Si no dispones de mucho tiempo para estudiar y necesitas [3] .... enfocadas a tus necesidades, puedes tomar lecciones particulares. El profesor o la profesora se desplazará a tu domicilio o a tu lugar de trabajo, o, si lo prefieres, puedes recibir las clases *online* o en nuestras aulas, todas equipadas con las últimas tecnologías.

Además, hay cursos específicos orientados al estudio, en español, de [4] .... como Historia, Arte o Literatura, cursos especialmente diseñados para estudiantes extranjeros que desean realizar el [5] .... en España. Si eliges esta opción, cada semana tendrás una interesante charla en nuestra sala de conferencias.

Nuestro programa de [6] .... también va dirigido estudiantes de secundaria: vivirás durante unas semanas con una familia española y, luego, tu anfitrión español vivirá en tu casa. Será, sin duda, una experiencia inolvidable.

Encontrarás información sobre las condiciones de la [7] .... y los [8] .... de cada curso en nuestra página web. Si lo prefieres, contacta por medio del chat o ven a vernos. En secretaría te informaremos personalmente y, además, conocerás las instalaciones: el aula multimedia, la biblioteca, la sala de profesores y la cafetería.

1a Subraya en el texto anterior todas las palabras relacionadas con la enseñanza y clasifícalas en la tabla según su categoría.

1.	2. Personas	3. Programas/Tipos de ....
aulas		*intensivos*

4. Ciclos	5.	6. Otros
	Historia	*escuela*

1b Lee el correo que ha escrito un estudiante extranjero a la escuela de español y corrige los errores que ha cometido al combinar las palabras.

De: Hans Bosch Para: Escuela de español Asunto: Clases

Estimados señores:
Me gustaría hacer clases específicas de español de los negocios. ¿Pueden decirme si es posible estudiarlo en curso particular o si tengo que hacerlo en clases intensivas? También me interesa mucho el curso de intercambio, ¿podrían enviarme más información?
Gracias de antemano por su respuesta.
Hans Bosch

2 Elige la opción correcta.

1. Después de la universidad, haré un .... para completar mi formación.
   a. graduado b. máster c. bachillerato
2. ¿Qué .... piensas estudiar en la universidad?
   a. nota b. apuntes c. carrera
3. Mi hermano ya está ....; terminó Medicina en junio.
   a. grado b. estudiado c. graduado
4. Hizo muy bien el examen y obtuvo muy buenas ....
   a. asignaturas b. notas c. becas
5. Ayer no pude venir a clase, ¿me dejas tus ....?
   a. apuntes b. carreras c. notas
6. Mi .... favorita es Historia. ¿Cuál es la tuya?
   a. matrícula b. aula c. asignatura

3 Completa las frases con el verbo adecuado en la forma correcta.

1. .... el examen porque no tuve tiempo para prepararlo bien.
2. .... esta asignatura porque el año pasado no pude examinarme de ella.
3. Diego ya .... en una academia para estudiar inglés.
4. Sara ya .... una beca para el año que viene.
5. Espero que mi hermano .... todas las asignaturas.
6. Seguramente el año que viene Rosa .... mejores notas que este.
7. Las calificaciones no están porque el profesor aún no .... los exámenes.
8. ¿Por fin tu novia .... un máster el año que viene?

4 Relaciona las actividades con su espacio correspondiente de un aula virtual.

1. Discutir las actividades y los temas con otros estudiantes.	a. Encuestas
2. Publicar anuncios y avisos.	b. Chat
3. Hablar en directo con los compañeros.	c. Tablón de noticias
4. Valorar el curso.	d. Foro
5. Pedir información sobre los cursos.	e. Curso y contenidos
6. Disponer de material de apoyo.	f. Secretaría
7. Consultar bibliografía.	g. Rincón del estudiante
8. Ver las fichas personales de los compañeros.	h. Recursos

5 Escribe en tu cuaderno un texto de unas cien palabras sobre tu currículum académico. Ten en cuenta los siguientes puntos.

- Los diferentes ciclos que has estudiado y dónde los has realizado.
- Las asignaturas en que has tenido mejores notas.
- Los exámenes más importantes que has hecho.
- Cursos de idiomas u otras materias: ¿dónde y cómo los has realizado?
- Cursos en línea.

Gramática

6 Completa las frases escribiendo los verbos entre paréntesis en presente de subjuntivo.

1. Tengo ganas de que Marta y tú .... (venir) a verme.
2. Mi madre espera que .... (aprobar, yo) todas las asignaturas, pero va a ser difícil.
3. ¿Qué quieres que .... (hacer) luego? ¿Vamos al teatro?
4. No deseo que .... (cambiar) nada, quiero que .... (seguir) todo igual.
5. ¿Quién prefiere que .... (salir, nosotros) a cenar fuera?
6. Ojalá el examen .... (ser) fácil y .... (poder, yo) terminarlo pronto.

7 Escribe un correo electrónico a una amiga expresándole buenos deseos. Ten en cuenta la siguiente información.

- Esta semana hará el último examen de su carrera, si lo aprueba, se gradúa.
- Se irá de vacaciones a México durante un par de semanas.
- Después de las vacaciones tendrá una importante entrevista de trabajo.
- Han operado hace poco a su perro Thor.
- Esperas una respuesta de ella lo antes posible.

Para: Elena De: Asunto: ¿Qué tal?

....
....
....
....
....
....
....
....
....

8 Escribe las expresiones del recuadro debajo de la imagen correspondiente según la situación que representan.

¡Que te mejores! | ¡Que os divirtáis! | ¡Que tengas suerte!
¡Que cumplas muchos más! | ¡Que aproveche! | ¡Que tengáis buen viaje!

1

....

2

....

3
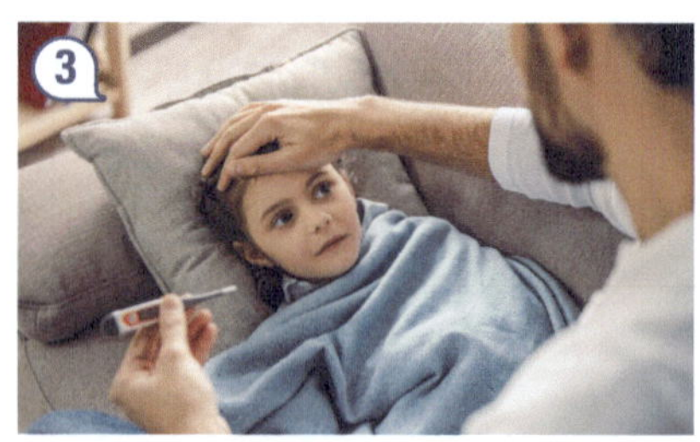
....

4

....

5

....

6

....

9 Lee el texto y reescríbelo en tu cuaderno transformando los consejos que aparecen en imperativo con los verbos y estructuras que has estudiado en la unidad. Fíjate en el ejemplo.

Ejemplo: *Ten paciencia.* › *Te aconsejo que tengas paciencia.*

Blog

El español se habla cada vez más. En la actualidad hay más de 500 millones de hablantes y son más de 20 millones las personas que lo estudian. Por eso, porque el español te puede abrir muchas puertas en cualquier lugar del mundo, en esta entrada compartiré contigo algunos consejos para que lo aprendas bien.

- Ten paciencia. Para hablar bien un idioma es necesario dedicarle tiempo. Por eso, ve paso a paso y plantéate retos en cada uno. Prémiate por los logros y evita proponerte objetivos inalcanzables.
- Lee en español; es un método excelente para aprender rápidamente palabras y expresiones comunes. Busca textos adecuados a tu nivel: artículos, entradas de blog, historias cortas, etc.
- Organiza bien tu trabajo. En la actualidad hay tantos recursos disponibles que es fácil sentirse superado por la cantidad de material de que disponemos. Por eso, utiliza los recursos que se adapten mejor a tus necesidades.
- Aprende con un amigo; así podrás practicar fuera de clase y sentirte más motivado.
- Usa tarjetas de memoria; apunta en ellas las palabras nuevas que aprendes o las que te cuesta más recordar, y repásalas de vez en cuando, mientras esperas al autobús o haces cola en el supermercado.
- Ve películas y series con subtítulos en español; resulta muy útil si quieres mejorar tu español. Al principio, también puedes verlas en tu idioma, pero con subtítulos en español.
- Distribuye tu tiempo; programa momentos para el estudio y otros para la práctica.
- Únete a una comunidad de habla hispana. Busca en internet, hay mucha gente que quiere practicar con otros estudiantes de español.

Adaptado de https://www.salminter.com/blog/10-trucos-para-aprender-espanol-mas-rapido/

10 Reescribe las frases usando los verbos que expresan petición.

1. Por favor, déjame terminar este ejercicio. › ....
2. Explícame la situación, quiero entenderla. › ....
3. Id con él, necesita vuestra ayuda. › ....
4. Siéntese aquí y espere, por favor. › ....
5. Salid en orden y en silencio. › ....

11 Fíjate en estas señales que hay en un campus universitario. Escribe, usando el infinitivo o el subjuntivo, qué prohíben hacer a los estudiantes.

1. ....

2. ....

3. ....

4. ....

11a Escribe en tu cuaderno tres cosas que normalmente están prohibidas en clase y otras tres que están permitidas.

Nos prohíben que...

Nos permiten que...

12 Elige la opción correcta.

1. Espero que .... más suerte y que la prueba oral nos .... mejor.
   a. tenemos/salir b. tengamos/sale c. tengamos/salga
2. En nuestro instituto no nos dejan .... el móvil durante la clase.
   a. miramos b. mirar c. miremos
3. Quiero que te .... un momento y que nos .... qué pasó.
   a. sientes/explicas b. sientas/explicar c. sientes/expliques
4. Te aconsejo que .... siempre las respuestas antes de entregar un examen.
   a. revises b. revisas c. revisar
5. ¿Esperas que me .... lo que ....?
   a. creo/digas b. crea/dices c. crea/decir
6. Le rogamos que .... puntual y que .... la documentación requerida.
   a. sea/traiga b. ser/traer c. es/traiga
7. ¿Me aconsejas que .... a ver esa película al cine o mejor .... a que esté en Netflix?
   a. voy/me espero b. ir/me espere c. vaya/me espero
8. No te recomiendo que le .... a Juan la verdad.
   a. cuentes b. contar c. cuentas
9. Os pido que .... bien y que no .... con vuestros primos.
   a. portarse/peleáis b. os portéis/os peleéis c. os portáis/os peleáis
10. No entiendo nada, nos permiten .... en equipo en la biblioteca, pero nos prohíben .... ¿Entonces cómo hacemos?
   a. trabajemos/hablemos b. trabajar/hablar c. trabajamos/hablamos

12a Clasifica las frases anteriores según su uso. En algunos casos hay más de una opción.

Consejo o recomendación: .... Permiso: .... Petición: ....
Prohibición: .... Deseo: ....

13 Escucha la conversación y marca si la información corresponde a Javi (J) o a Eva (E).

[7]

1. Cree que la profesora tal vez está enfadada porque los estudiantes llegan tarde. .... J E
2. Espera que la profesora no les ponga un examen sorpresa. .... J E
3. Pregunta por qué la profesora les ha pedido que mañana sean puntuales. .... J E
4. Aconseja estudiar por si se trata de un examen sorpresa. .... J E
5. Piensa que seguramente la profesora les hablará del trabajo de fin de curso. .... J E
6. Dice que la profesora alguna vez no ha permitido entrar a alguien en clase. .... J E

13a Vuelve a escuchar y escribe la forma en que se dicen los siguientes verbos.

[7]

1. rogar › ....
2. ser › *seamos*
3. esperar › ....
4. poner › ....
5. hablar › ....
6. entender › ....
7. entrar › ....
8. pedir › ....
9. llegar › ....
10. estudiar › ....
11. poner › ....
12. suspender › ....

Cultura

14 Completa el texto sobre el profesor o la profesora ideal con los verbos del recuadro en la forma correcta.

aplicar | permitir | disfrutar | generar | ser | escuchar | llevar | incorporar

Lo que esperamos es que esta persona [1] .... de su trabajo, que [2] .... creativa, que [3] .... materiales nuevos, que [4] .... en la clase metodologías diferentes y las nuevas tecnologías y que [5] .... la clase a espacios diferentes. También queremos que nos [6] .... cuando hablamos, que nos [7] .... opinar y que [8] .... un ambiente de confianza y participación.

14a Escribe un texto de unas cincuenta palabras sobre cómo crees que debe ser el profesor o la profesora ideal.

Espero que esta persona ....

....

....

....

....

15 Escucha y completa con la información que falta.

[8]

En la región de América Latina y el Caribe, aunque todavía se presentan algunas carencias, en los últimos años los sistemas educativos han podido cubrir buena parte de las necesidades de la población y los resultados se están viendo. Por ejemplo, Colombia participó en las pruebas Pisa en el año 2012 [1] .... Luego, en 2015, obtuvo un resultado de 416 puntos.

De acuerdo con otras cifras presentadas por los expertos, para 2030 América Latina tendrá un 96.6 % de cobertura [2] ...., y para 2042 se espera que la cobertura sea universal en este nivel. En cuanto a la educación media, para 2030 se espera que la región tenga [3] .... y que en 2066 sea total. Por último, en [4] ...., la cobertura será de un 72.7 % [5] .... y se calcula que alcanzará [6] ....

Al mismo tiempo, un tema preocupante para la región es el de los maestros, [7] .... Los profesores de América Latina ganan menos que otros profesionales. Los docentes de preprimaria y primaria ganan el 76 % de lo que reciben otros profesionales o técnicos, mientras que los profesores de secundaria ganan el 88 % [8] ....

Adaptado de https://www.semana.com/educacion/articulo/informe-unesco-sobre-educacion-en-america-latina/542592

15a Lee el texto anterior y marca las afirmaciones verdaderas.

1. ☐ En el presente no hay carencias, se han cubierto las necesidades de la población.
2. ☐ Colombia, en tres años, mejoró sus resultados en las pruebas Pisa.
3. ☐ La cobertura en educación primaria será total a mediados de siglo.
4. ☐ La educación media superior no tendrá una cobertura universal en el siglo XXI.
5. ☐ Los profesores de secundaria ganan un 88 % más que los de primaria.

Unidad 4 ¡Súmate!

Palabras

1 Completa las frases con los verbos del recuadro en la forma correcta.

dejar | reducir | reciclar | reparar | desperdiciar | reutilizar | tirar | alargar

1. Si cierras el grifo mientras te lavas los dientes, no .... tanta agua.
2. Si se te estropea un aparato, no lo ...., comprueba antes si se puede ....
3. Al salir de casa, asegúrate de que no te .... ningún aparato enchufado o en *stand-by*.
4. Hay que intentar .... la vida de los objetos y .... los dándoles nuevos usos.
5. Tan importante como .... la basura tirándola en el contenedor adecuado es .... los residuos.

2 Clasifica las palabras en su lugar correspondiente.

lince ibérico | huracanes | deforestación | carbón | naturales | armadillo | eólica | fósiles | inundaciones
tala de árboles | renovables | gas | oso polar | hombre | tsunamis | extinción | solar | generación de residuos
deshielo | ola de calor | petróleo | calentamiento global | consumismo | colibrí | cambio climático

Animales en peligro de	Acción del	Energías ....
	vertidos tóxicos	*biomasa*

Desastres	Consecuencias	Energías ....
sequía		

3 Relaciona de forma lógica. Sigue el ejemplo.

1. Reducir	masivo	natural.
2. Cultivo	el consumo	de basura.
3. Pérdida	las emisiones	de alimentos.
4. Apostar por	selectiva	climático.
5. Recogida	el cambio	responsable.
6. Luchar contra	del hábitat	de dióxido de carbono.

4 Observa la secuencia y escribe tú otras dos según la ley de causa y efecto.

1. Uso de vehículos contaminantes en las ciudades › emisión de gases de efecto invernadero › calentamiento global › deshielo en los glaciares › aumento del nivel del mar.
2. ....
3. ....

5 Completa la tabla.

Verbo	Sustantivo	Participio	Verbo	Sustantivo	Participio
1.	la contaminación		5. extinguirse		
2. reciclar			6.		reducido/a
3.		reutilizado/a	7.		talado/a
4.	el ahorro		8. deforestar		

6 Escucha las noticias e indica el orden en el que se mencionan los temas representados en las imágenes.

[9]

6a Completa ahora las noticias con las palabras que faltan. Después escucha de nuevo y comprueba tus respuestas.

[9]

El Gobierno destina 100 millones para fomentar el uso del coche [1] .... y la movilidad sostenible

Las ayudas podrán llegar hasta los 5500 euros.

El plan también incluye el apoyo al alquiler de [2] .... eléctricas, la conversión de carriles convencionales en carriles [3] .... o ayudas al [4] .... público.

Con estas medidas se pretende [5] .... el uso de [6] .... contaminantes, principales responsables de las emisiones de gases de [7] ....

Estado de emergencia por el vertido de 21 000 toneladas de [8] .... en el Ártico

El derrame se produjo a causa de un accidente en la central termoeléctrica de Norilsk y podría ser el mayor [9] .... de petróleo registrado en la zona.

Empresas y entidades federales trabajan en las labores de [10] .... del desastre [11] .... cuyos daños tardarán una década en ser reparados. Mientras, drones y helicópteros supervisan la enorme mancha que [12] .... en la superficie del [13] ....

América Latina concentra la mayor [14] .... de 2019

Datos demoledores colocan a cinco países de América Latina al margen de los esfuerzos globales por [15] .... el medioambiente. A Brasil, que encabeza la lista, le siguen Bolivia, Perú, Colombia y México que, en total, perdieron 11.9 millones de hectáreas de [16] .... en 2019. La pérdida de esta masa forestal se debe en gran parte a los numerosos [17] .... y a la [18] .... de árboles para actividades de [19] .... intensiva.

Gramática

7 Relaciona de forma lógica los siguientes comentarios y luego elige la opción correcta.

1. ☐ Creo que no [1] **podemos/podamos** seguir dependiendo tanto de las energías fósiles y que [2] **tenemos/tengamos** que buscar otras fuentes de energía alternativas más limpias, como la energía eólica, por ejemplo.

2. ☐ ¿No crees que [3] **es/sea** una buena idea que las empresas faciliten el teletrabajo? Yo, la verdad, creo que [4] **trabajo/trabaje** mejor en mi casa, me concentro más, me distraigo menos, y además me ahorro el tiempo que pierdo en desplazarme.

3. ☐ A mí me parece que [5] **es/sea** urgente que reduzcamos el impacto ambiental en el planeta. Y no creo que esto [6] **depende/dependa** principalmente de los Gobiernos. Yo pienso que eso [7] **tiene/tenga** que salir de nosotros. Todos somos responsables de nuestra huella ecológica.

a. Sí, a mí también me parece que [8] **tiene/tenga** muchas ventajas, pero piensa que no siempre se [9] **puede/pueda** hacer, depende del tipo de trabajo, del día... Además, no creas que todas las empresas [10] **están/estén** dispuestas a implantarlo. Yo opino que [11] **es/sea** el Gobierno el que debería crear leyes que lo regulen y lo incentiven.

b. Pues yo opino que los Gobiernos sí [12] **tienen/tengan** mucho que hacer en este sentido. Yo, por ejemplo, iría en bici al trabajo, que no contamina, pero tal y como está el tráfico, me da miedo. ¿No piensas que [13] **son/sean** precisamente los políticos los que tienen que incentivar su uso habilitando carriles bici que garanticen la seguridad?

c. Supongo que [14] **tienes/tengas** razón, pero no me parece que las energías limpias [15] **son/sean** la única alternativa. Para fabricar coches eléctricos o construir aerogeneradores, por ejemplo, se necesitan otros minerales que también pueden agotarse. ¿No crees que [16] **debemos/debamos** apostar por un modelo de sociedad que exija menos recursos?

7a Escribe una frase para expresar tu opinión sobre los temas anteriores utilizando las siguientes estructuras.

- Pienso que no... ....
- No creo que... ....
- No pienso que... ....
- Me parece que... ....
- No me parece que... ....
- Creo que... ....

8 [10] Observa las imágenes. ¿Sabes qué iniciativas o fenómenos representan? Escucha las intervenciones, relaciona cada una con su imagen y escribe, después, de qué se habla en cada caso.

....

8a **Vecinos, asociaciones y comerciantes han dado su opinión sobre estos temas. Completa las frases con los verbos del recuadro en la forma correcta e indica a cuál de los tres temas se refieren (A, B o C).**

poder | prohibir | habilitar | haber | intentar | permitir | modernizarse | apostar | abrir

1. ☐ Es un escándalo que los Gobiernos .... que se especule con el precio de la vivienda. ¿Cuántos edificios comprados por fondos de inversión son ahora apartamentos turísticos?
2. ☐ Me parece una idea genial .... más zonas para los niños, los peatones y las bicis. Necesitamos una ciudad más limpia, ¡estamos hartos de tragar humo!
3. ☐ Está bien que las ciudades .... y que se .... nuevas tiendas y comercios, pero es necesario también que .... un equilibrio, un control. Paseas por el centro y es como estar en cualquier otra ciudad europea, ¡todas las tiendas y locales son iguales!
4. ☐ A mí no me parece lógico .... a los autobuses circular por la zona; hay que pensar también en las personas mayores o en las que tienen problemas de movilidad y que necesitan tener una parada cerca.
5. ☐ Es absurdo que nos .... convencer de que necesitamos más plazas de garaje en el barrio. Los residentes ya tenemos aparcamientos de sobra, está claro que el interés es otro...
6. ☐ Pues a mí no me parece mal .... por iniciativas que traigan más prosperidad al barrio. Creo que todos ganamos: los restaurantes, los comercios..., y es normal que la gente .... aparcar el coche en algún sitio cuando venga.

9 **Lee el texto y escribe los verbos entre paréntesis en la forma correcta.**

La hora del planeta nació en Sidney en 2007 como un gesto simbólico para llamar la atención sobre el problema del cambio climático. Es obvio que, más de una década después, su cometido [1] .... (tener) más sentido que nunca.

Pero ¿en qué consiste esta iniciativa? En apagar las luces de hogares, negocios, edificios y monumentos durante una hora. Es verdad que a simple vista [2] .... (poder) parecer una acción insignificante, pero este sencillo gesto supone una toma de conciencia y una voz de alarma que une a ciudadanos, empresas, ayuntamientos e instituciones en la misma lucha contra el cambio climático y la pérdida de la biodiversidad.

Porque está visto que [3] .... (depender, nosotros) de la naturaleza para vivir, desde el aire que respiramos hasta el agua que bebemos y los alimentos que comemos, pero todavía no está tan claro que [4] .... (ser, nosotros) conscientes del vínculo fundamental entre la naturaleza, el clima y las personas, ni parece evidente que [5] .... (entender, nosotros) que lo que hacemos en una parte del planeta afecta irremediablemente a otras.

En el actual contexto de emergencia planetaria, es indiscutible que [6] .... (deber, nosotros) actuar y exigir a los líderes políticos un compromiso internacional para detener y revertir la situación, entendiendo que, para ello, la naturaleza es nuestra mejor aliada.

La ciencia es clara, el tiempo se acaba: quedan diez años para evitar los peores impactos del cambio climático. Es ahora o nunca; hay que actuar antes de que sea tarde.

Adaptado de https://www.horadelplaneta.es/morse-la-naturaleza-desde-las-ventanas-mensaje-esperanza-la-hora-del-planeta/

10 Selecciona la opción correcta en cada caso y escribe tus propios ejemplos.

- Los verbos de **pensamiento** como *pensar, creer* y *parecer* se construyen con *que* + [1] **indicativo/subjuntivo/infinitivo** cuando son afirmativos, y con [2] **indicativo/subjuntivo/infinitivo** si van en forma negativa:

  Ejemplo: ....

  Si el verbo de la oración principal va en imperativo negativo o es una pregunta, se usa [3] **indicativo/subjuntivo/infinitivo** en la oración subordinada:

  Ejemplo: ....

- Para **valorar un hecho** de manera **general**, usamos estructuras como:
  - *(No) Es/Me parece* + adjetivo o sustantivo valorativo o *Está/Me parece* + *bien/mal* + [4] **indicativo/subjuntivo/infinitivo**

    Ejemplo: ....

  Para **valorar un hecho personalizando**, usamos estructuras como:
  - *(No) Es/Me parece* + adjetivo o sustantivo valorativo o *Está/Me parece* + *bien/mal* + *que* + [5] **indicativo/subjuntivo/infinitivo**

    Ejemplo: ....

- Cuando queremos dar nuestra opinión expresando **certeza**, usamos estructuras como:
  - *Es cierto/obvio/verdad/evidente/indiscutible...* o *Está visto/demostrado/claro...* + *que* + [6] **indicativo/subjuntivo/infinitivo**

    Ejemplo: ....

  Estas estructuras se construyen con [7] **indicativo/subjuntivo/infinitivo** cuando van en forma negativa:

  Ejemplo: ....

11 Indica si las siguientes frases son correctas o incorrectas y corrige los errores.

1. Es una suerte que podemos reunirnos este fin de semana para celebrar el cumpleaños de Luis. .... C I
2. Es evidente que tenemos que pensar un poco antes de comprar productos que igual no necesitamos. .... C I
3. Es muy bien que se penalice de algún modo a las empresas que más contaminan. .... C I
4. ¿Nos vamos ya o seguimos esperando? Por la hora que es, no parece que van a venir. .... C I
5. No creas que no lo he pensado ya, pero es que esa solución no me convence del todo. .... C I
6. No está tan claro que nos dejan entrar sin confirmar previamente la asistencia, yo me aseguraría. .... C I
7. Me parece una tontería que tengamos que reunirnos todos, si a algunos no nos afecta la medida. .... C I
8. ¿No te parece que Sergio esté un poco raro últimamente? Creo que se haya enfadado... .... C I

12 Expresa tu opinión en tu cuaderno sobre estos temas utilizando las estructuras que has aprendido.

- Las compañías aéreas de bajo coste.
- Los centros comerciales.
- Las plataformas de alquileres como Airbnb.
- El consumo de carne.

Cultura

13 **Clasifica la siguiente información junto al paraíso en peligro al que se refiere.**

1. Atraviesa tres países: Perú, Colombia y Brasil.
2. El aumento de la temperatura y la emisión de gases de efecto invernadero son sus principales amenazas.
3. La zona que recorre es conocida como el pulmón del planeta.
4. Se agrupan en los bosques de oyamel.
5. La velocidad a la que se derrite es alarmante.
6. Su hábitat ha sido declarado Reserva de la Biosfera por la Unesco.

Mariposas monarca

....

Glaciar Perito Moreno

....

Río Amazonas

....

14 **Marca verdadero o falso. Después corrige la información falsa.**

1. Las mariposas monarca viajan cada año desde Canadá hasta Yucatán, en México. .... V F
2. El Amazonas constituye las dos terceras partes del agua dulce del planeta. .... V F
3. El 80 % de la extensión de la Patagonia está afectada por el calentamiento. .... V F
4. La principal amenaza de las mariposas monarca son la agricultura y la deforestación. .... V F
5. En la Patagonia ya han desaparecido decenas de glaciares. .... V F
6. Las principales amenazas de la Amazonia son el turismo y la industrialización de la zona. ... V F

15 **Lee el texto y ordena los fragmentos.**

Otros paraísos en peligro

a. ☐ la mayor cantidad de especies amenazadas. Ecuador es el país sudamericano con mayor cantidad de vertebrados en peligro crítico de extinción (340), seguido por Brasil (154) y Colombia (132), según

b. ☐ El manatí del Caribe o la vaquita marina, cetáceo del Golfo de California, se encuentran entre las especies en estado vulnerable; el tapir y la iguana rinoceronte, en peligro de extinción; mientras que la rana gigante del Titicaca, junto al jaguar o yaguareté, pertenece a las especies amenazadas en estado crítico.

c. ☐ –la selva tropical del Amazonas–, sino también seis de los países con más biodiversidad de la Tierra: Brasil, Colombia, Ecuador, México, Perú y Venezuela. Pero al mismo tiempo también tienen

d. ☐ La región de América Latina y el Caribe concentra cerca del 60 % de la vida terrestre del planeta, según datos del Programa de la ONU para el Medio Ambiente (PNUMA). No solo está aquí el hábitat con mayor biodiversidad del mundo

e. ☐ El Cocodrilo del Orinoco, el armadillo, la salamandra o la tortuga de Carey amplían la larga lista de estas especies, amenazadas principalmente por causas como el cambio climático, la destrucción de su hábitat, la contaminación y la caza y venta ilegal.

f. ☐ la Unión Internacional para la Conservación de la Naturaleza (IUCN). Las especies en situación más preocupante son catalogadas en la lista roja de la IUCN en tres categorías: vulnerable, en peligro o en estado crítico.

Adaptado de https://www.dw.com/es/biodiversidad-amenazada-en-am%C3%A9rica-latina/g-41096956

15a **¿Existen en tu país especies animales o vegetales amenazadas por el cambio climático? ¿Cuáles? ¿Por qué? Investiga y escribe lo que has averiguado en tu cuaderno.**

Unidad 5 Para siempre

1 [11] **Escucha la descripción que hace Cristina de sus amigos y corrige los errores de la información siguiente.**

1. Carmen es una persona seria, algo irresponsable aunque muy trabajadora. También es impaciente, generosa y un poco arrogante.
2. Antonio es gracioso, divertido y muy bromista. Es un chico muy seguro, con mucha confianza en sí mismo gracias a su simpatía.
3. Julia es muy introvertida, pero es fácil ganar su confianza. Además, es una chica agradable, interesante, creativa e inteligente.
4. José es simpático, extravertido y tan gracioso como Antonio. También es muy sociable y confiado, quizá más de lo que le conviene.

1a [11] **Vuelve a escuchar y escribe las tres frases donde se suavizan defectos o aspectos negativos.**

1. ......
2. ......
3. ......

2 Relaciona cada adjetivo con su significado.

1. serio/a
2. arrogante
3. generoso/a
4. gracioso/a
5. agradable
6. creativo/a
7. sociable
8. confiado/a

a. Que se cree superior a los demás.
b. Persona algo ingenua, que se fía siempre de los otros.
c. Alguien que se relaciona fácilmente con la gente.
d. Que sonríe poco y no le gustan las bromas.
e. Que ofrece o da lo que tiene.
f. Persona con capacidad para imaginar e inventar.
g. Alguien divertido, que hace reír.
h. Que es de trato fácil y amable.

3 **Fíjate en la tabla de los prefijos con los que se forman los antónimos de algunos adjetivos y coloca los que están mal clasificados en su casilla correspondiente.**

in-	im-	i-	des-
maduro/a responsable fiel agradecido/a	seguro/a paciente	honesto/a	confiado/a sociable agradable

3a Elige cinco adjetivos de la actividad anterior y escribe una frase con cada uno de ellos.

1. ......
2. ......
3. ......
4. ......
5. ......

4 Marca el uso correcto de la expresión *pecar de* + adjetivo. Luego escribe un ejemplo.

1. ☐ Indicar una cualidad especialmente negativa de alguien.
2. ☐ Indicar una cualidad que es positiva, pero que, en exceso, puede resultar negativa.
3. ☐ Suavizar los aspectos negativos y los defectos que tiene una persona.

Ejemplo: ....

5 Lee el texto y complétalo con los adjetivos del recuadro en la forma correcta.

tranquilo/a | sociable | sincero/a | alegre | trabajador/a | maduro/a | optimista | tímido/a
sensible | pesimista | orgulloso/a | responsable | inseguro/a | impaciente

Los ocho tipos de carácter del ser humano

La psicología ha determinado ocho tipos de carácter. Sus rasgos básicos son los siguientes:

1. Nervioso. Las personas con este carácter tienden a mostrar un alto nivel de actividad, son [1] .... y responsables. En general, suelen mostrarse [2] ...., por lo que resulta fácil relacionarse con ellas. Su carácter no suele ser triste, se presentan casi siempre [3] .... ante los demás.

2. Sentimental. Los individuos con este carácter son [4] ...., no se relacionan fácilmente. En ocasiones pueden llegar a parecer [5] .... y negativos. Además, les falta confianza en sus propias capacidades; son, por lo tanto, bastante [6] ....

3. Colérico. Las personas con carácter colérico no saben esperar, son [7] .... y muy [8] ...., pues se comprometen con todo lo que hacen. A veces son demasiado impetuosas.

4. Apasionado. Quienes tienen carácter apasionado destacan por su alta emocionalidad, son muy [9] .... Con frecuencia se muestran rencorosos y [10] ...., no perdonan fácilmente el daño que se les ha hecho.

5. Sanguíneo. Las personas con este carácter son [11] ...., muy positivas, así como cariñosas en sus relaciones con los demás.

6. Flemático. Los flemáticos son considerados los más equilibrados. Son reflexivos y sensatos, muy [12] .... por lo general; se muestran siempre tranquilos, raramente se alteran. Su estado de ánimo es constante, por lo que se adaptan con facilidad a entornos cambiantes.

7. Amorfo. Las personas con este carácter destacan por su excesiva despreocupación. Son impuntuales, perezosas para el trabajo e irresponsables; sin embargo, en sus relaciones son amables y [13] ...., es difícil que mientan.

8. Apático. El tipo apático tiene un estado constante de melancolía. Su pensamiento es convencional y carente de imaginación. Los apáticos son [14] ...., no se inquietan por nada, y suelen resultar dignos de confianza.

Adaptado de https://medicoplus.com/psicologia/tipos-de-caracter

6 Relaciona cada frase con la reacción adecuada.

1. En el examen me salió el único tema que me sabía.
2. ¡Vamos a tener un hijo!
3. Se me ha inundado toda la cocina.
4. Tengo que terminar el informe antes de cinco minutos.
5. La conferencia duró dos horas y no fue nada interesante.
6. Un coche estuvo a punto de atropellar a mi perro.
7. Ayer me encontré con Amelia en el metro.

a. ¡Qué noticia!
b. ¡Qué estrés!
c. ¡Qué casualidad!
d. ¡Qué susto!
e. ¡Qué desastre!
f. ¡Qué aburrimiento!
g. ¡Qué suerte!

Gramática

7 Completa las frases escribiendo los verbos entre paréntesis en la forma correcta. Acuérdate de añadir los pronombres que sean necesarios.

1. A Eduardo no .... (gustar) que .... (hacer, tú) ruido cuando estudia.
2. .... (encantar, a nosotros) los cuadros que has colgado en el salón.
3. ¿No .... (interesar, a ti) que te .... (contratar, ellos) para todo el verano?
4. ¿............................ (Preferir, tú) que .... (poner, yo) otro tipo de aperitivo, algo más ligero?
5. No .... (gustar, a ti) nada .... (hablar, tú) con Juan, ¿pero qué te ha hecho?
6. A Marta .... (interesar) mucho .... (hacer, ella) ese curso.
7. A mi hija .... (encantar) que .... (ir, nosotras) al parque todas las tardes.

8 Escribe debajo de cada imagen una frase usando los verbos *gustar, encantar, interesar* y *preferir* e intensificadores como *muchísimo, bastante, no... nada, demasiado*, etc.

....

....

....

....

....

....

9 Marca las frases en las que el verbo funciona como el verbo *gustar*.

1. ☐ ¡Me alegro mucho de que vengas a la excursión!
2. ☐ Me molesta que me hables así.
3. ☐ ¿No te aburre que los chicos estén todo el día protestando?
4. ☐ Odio que llueva todos los días.
5. ☐ Nos enfada que nuestros padres no nos escuchen.
6. ☐ Sentimos mucho que les vaya mal en el instituto.

10 Completa las frases con el verbo adecuado añadiendo los pronombres que sean necesarios.

1. Esta película a mí .... mucho, es lentísima y demasiado larga.
2. A los padres de Ernesto .... que siga en el paro y no encuentre trabajo.
3. A Luis .... que Sofía cante tan bien. No la había oído nunca.
4. ¿............................ dejarme el cargador de tu móvil? Es que estoy casi sin batería.
5. Si a ustedes .... que ponga la música tan alta, díganmelo y la bajo.
6. A todas nosotras .... mucho su visita, es un verdadero placer.
7. ¿A ti no .... que haya tanta corrupción en la política? Porque a mí mucho.
8. A mi madre .... mucho que llegue demasiado tarde a casa los fines de semana.

11 Lee la información sobre estos seis compañeros de trabajo y luego completa las frases eligiendo la opción verbal correcta.

Es muy tranquilo, odia el ruido, necesita mucho silencio para trabajar. También es muy desordenado; en su escritorio es difícil encontrar algo. Alberto odia el fútbol, prefiere hablar de política durante la pausa para la comida. Es algo impuntual.

Le interesa mucho el *feng-shui* y se pasa el día cambiando cosas de sitio en la oficina para conseguir que haya buena energía. Blanca es una apasionada del fútbol, la política le aburre. Además es vegana y a menudo prepara comida para sus compañeros.

Es un fanático de los videojuegos. A veces incluso juega en la oficina. También le gusta mucho el fútbol y discutir sobre los partidos con Blanca. Jorge siempre sale a comprar comida rápida para tomar en la oficina: sándwiches de máquina, hamburguesas...

Le encanta escuchar música con los auriculares mientras trabaja, pero la pone tan alta que se oye un poco en toda la oficina. Está muy concienciada con la protección del medioambiente y recicla todo el material de oficina posible. A Laura le interesa mucho la política.

Está obsesionado con el orden. No soporta ver nada fuera de su sitio. Además, es una persona muy puntual y no le gusta que los demás no lo sean. Ernesto usa demasiado papel y nunca recicla nada. Actualmente está haciendo una dieta a base de verdura y pescado blanco.

Es la jefa del departamento y debe controlar lo que hacen los demás. Sofía es responsable también de que cada cosa esté en su sitio y de que nunca falte de nada. No le gusta que calienten pescado a la hora de comer porque dice que luego huele mal toda la oficina.

1. A Alberto le **da/pone** mucha rabia que Laura ....
2. A Alberto le **da/pone** nervioso que Blanca y Jorge ....
3. A Blanca le **da/pone** de mal humor que Alberto ....
4. A Blanca le **da/pone** pena que Jorge ....
5. A Laura le **da/pone** furiosa que Ernesto .... y que ....
6. A Laura le **da/pone** contenta que Alberto ....
7. A Ernesto le **da/pone** rabia que Alberto .... y que ....
8. A Sofía le **da/pone** furiosa que Jorge ....
9. A Ernesto y a Sofía les **da/pone** nerviosos que Blanca ....
10. A Sofía le **da/pone** de muy mal humor que Ernesto ....

12 Lee las frases y complétalas usando expresiones con *dar* y *poner* sin repetir ninguna.

1. .... que haya tanta gente que no tiene lo necesario para vivir.
2. La gente que habla sin pensar ....
3. .... que abandonen a los perros.
4. .... lo que piensen los demás.
5. Las enfermedades ....
6. Tomar mucho café ....
7. .... que los cubiertos estén sucios.

13 Responde en tu cuaderno a las siguientes preguntas.

¿Qué te alegra especialmente? ¿Qué no soportas de los otros? ¿Qué temes?
¿Qué no aguantas de ti mismo/a? ¿Qué lamentas? ¿Qué odias de tu ciudad?

14 Completa las frases escribiendo los verbos entre paréntesis en la forma correcta.

1. Necesitamos un armario que .... (ser) más ancho que este.
2. En la oficina hay una becaria que .... (hablar) cinco idiomas.
3. ¿Hay alguien que .... (poder) decirme para qué sirve este aparato?
4. No hay quien .... (entender) este manual de instrucciones.
5. Busco un periódico que .... (estar) en francés, lo vi el otro día por aquí.
6. ¿No tienes unas tijeras que .... (cortar) mejor que estas?
7. No he conocido nunca a nadie que .... (medir) más de dos metros.
8. ¿Me podéis decir las fotos que os .... (gustar) más?

14a Fíjate en las frases de la actividad anterior y completa la regla. Añade algún ejemplo de esa misma actividad.

- Cuando el antecedente es conocido, real, las oraciones de relativo se construyen con [1] ....:
  Ejemplo: ....
- Cuando el antecedente es desconocido, preguntamos por su existencia o la negamos, estas oraciones se construyen con [2] ....:
  Ejemplo: ....

15 [12] Lee estos anuncios de viviendas en alquiler. Luego escucha los mensajes de las personas interesadas y decide qué vivienda es la más adecuada para cada una de ellas.

a. ☐ Habitación en piso compartido, muy céntrico. La habitación disponible es muy amplia, tiene un armario empotrado y baño propio. Posibilidad de plaza de garaje.

d. ☐ Piso de dos dormitorios, amueblado y bien comunicado, con amplia terraza, situado en una urbanización con zonas ajardinadas y piscina.

b. ☐ Casa de dos plantas con tres dormitorios, dos baños, jardín y plaza de garaje. Muy cerca de la estación de autobuses, a media hora de la capital. Sin amueblar.

e. ☐ Estudio cerca de zona universitaria. Baño y cocina completa. Dispone de calefacción y de aire acondicionado. Amueblado y con mucha luz.

c. ☐ Apartamento amueblado en el centro. Un dormitorio, baño y cocina completamente equipada. Muy moderno y luminoso, tiene terraza. Con plaza de garaje.

f. ☐ Ático con dos dormitorios, dos baños y una amplia terraza. Completamente amueblado, a diez minutos del centro.

15a Escribe en tu cuaderno un texto de unas ochenta palabras describiendo tu casa ideal.

16 Marca las afirmaciones correctas acerca de la arquitectura modernista.

1. ☐ Tiene su origen a principios del siglo XX.
2. ☐ Su nombre expresa la idea de innovación y futuro.
3. ☐ El modernismo catalán es uno de los más importantes del mundo.
4. ☐ La principal característica del modernismo catalán es el gusto por las formas clásicas.
5. ☐ Se cuidan todos los detalles de la decoración, no solo los aspectos arquitectónicos.
6. ☐ La Sagrada Familia de Barcelona se empezó a construir a finales del siglo XIX.
7. ☐ Otra construcción importante de Gaudí es el Palau de la Música.
8. ☐ El Palau de la Música es la única sala de conciertos declarada Patrimonio Mundial por la Unesco.

17 En Barcelona se encuentran tres de los más famosos edificios modernistas del mundo. Relaciona las frases con cada uno de ellos. Ten en cuenta que puede haber más de una opción válida.

	Casa Lleó Morera	Casa Amatller	Casa Batlló
1. Es obra de Antoni Gaudí.	☐	☐	☐
2. Destaca por el mobiliario y las lámparas.	☐	☐	☐
3. Está en el paseo de Gracia de Barcelona.	☐	☐	☐
4. Sus vidrieras de colores son sobresalientes.	☐	☐	☐
5. Contribuyó a modernizar Barcelona.	☐	☐	☐
6. Destaca por la riqueza ornamental de la fachada.	☐	☐	☐

18 Ordena las partes de este texto para saber más sobre la Sagrada Familia.

Siete curiosidades sobre la Sagrada Familia

a. ☐ La Sagrada Familia es uno de los monumentos más espectaculares del mundo. En torno a esta basílica diseñada por Antoni Gaudí hay multitud de curiosidades que no todo el mundo conoce. ¿Sabes cuáles son? Aquí te revelamos algunas: Gaudí preveía que no terminaría

b. ☐ las más bajas, representan a los apóstoles, las cuatro posteriores a los evangelistas, la siguiente a la Virgen María y la más alta a Jesucristo. En la denominada fachada de la Pasión hay una especie de *sudoku* cuyos números

c. ☐ El taller donde Gaudí había trabajado toda su vida ardió. Otra curiosidad es que cuando las obras terminen, tendrá una altura de 172.5 metros de altura, se convertirá así en

d. ☐ el proyecto. Pasó sus últimos quince años viviendo en el interior de la iglesia mientras trabajaba en ella. Dejó planos, indicaciones y bocetos para que fuese terminada posteriormente.

e. ☐ el edificio más alto de Barcelona. Las dieciocho torres de la Sagrada Familia simbolizan a diferentes figuras de la religión cristiana: doce de ellas,

f. ☐ en todas las filas y columnas suman siempre 33, la edad a la que murió Jesucristo. Una cosa más: ¿sabías que en el interior del templo no hay nada diseñado con líneas rectas con el propósito de imitar a la naturaleza?

g. ☐ La fachada del Nacimiento fue la única parte finalizada mientras Gaudí aún seguía con vida. A comienzos de la guerra civil española, parte de la Sagrada Familia fue incendiada.

Adaptado de https://cronicaglobal.elespanol.com/creacion/siete-curiosidades-sagrada-familia_132881_102.html

Apéndices

Gramática y comunicación

Unidad 1: Encuentro de culturas

Pretérito perfecto, indefinido e imperfecto (repaso)

- Usamos el **pretérito perfecto** para hablar de acciones **terminadas** en un **tiempo aún no terminado** o que percibimos como presente. También se usa para hablar de **experiencias** en general, sin una idea específica de tiempo:
  *Hoy **he llegado** a la oficina a las nueve y **he salido** a las cuatro de la tarde.*
  *¿**Has estado** en Egipto? Yo no, pero tengo muchas ganas de ir.*
- Usamos el **pretérito indefinido** para hablar de acciones **terminadas** en un **tiempo** también **terminado**. Sirve para contar anécdotas, hechos históricos o acontecimientos:
  *El año pasado **fuimos** de vacaciones a Perú, nos **encantó**.*
  *La guerra civil española **empezó** en 1936 y **terminó** en 1939.*

  Como puedes ver, ambos pretéritos expresan **acciones terminadas**. El perfecto lo hace en relación con el presente, y el indefinido, con el pasado. Usamos estos tiempos para la **narración** de hechos pasados:
  *Esta mañana **he visto** a Silvia./Ayer por la mañana **vi** a Silvia.*

> Fíjate:
> Cuando se quiere dar mayor viveza a una narración, se puede usar el presente histórico:
> *La guerra civil española **empieza** en 1936 y **termina** en 1939.*

- El **pretérito imperfecto** presenta la acción en un tiempo pasado, pero no especifica el comienzo o el final de la misma, solo indica su **desarrollo**. Por eso el imperfecto es el tiempo que usamos para **describir** en el pasado, para hablar de las **circunstancias** que rodean los hechos:
  *La habitación **era** pequeña, **tenía** un balcón que **daba** a un jardín.*
  *Como **era** temprano, **había** poca gente en el supermercado.*
  *Cada día **salíamos** de casa a la misma hora y **cogíamos** el mismo autobús.*
  ***Estaba** en la farmacia cuando llegaste, por eso no **había** nadie en casa.*

RAE

GRAMÁTICA

- La oposición pretérito perfecto/indefinido tal y como la has estudiado aquí se da en la mayor parte de España, noroeste de Argentina, costa peruana, Bolivia y parte de Colombia.
- En México, Centroamérica y la zona caribeña se usa el pretérito perfecto, pero con un valor diferente, pues se utiliza solo si **las acciones no están terminadas** en presente (es decir, se tiene en cuenta el aspecto del verbo –si se trata de una acción acabada o no–, no solo el tiempo en que sucede):
  *Los años pasaron y la edición se agotó, pero el interés por el tema no se **ha terminado**.*
  En el resto de los casos, se usa el pretérito indefinido para indicar que la acción está **terminada** independientemente del tiempo en el que sucede: *Hoy **vino** tarde, **trajo** un libro y **habló** de la muerte.*
- En Chile, la mayor parte de Argentina, el noroeste de España y las islas Canarias se prefiere el pretérito indefinido independientemente de su valor aspectual o temporal: *Mañana vuelvo, y me voy a olvidar de que hoy **estuve** acá [...].*

Pretérito pluscuamperfecto de indicativo

- El **pretérito pluscuamperfecto** de indicativo es un tiempo del **pasado** que se forma con el **pretérito imperfecto** del verbo *haber* y el participio del verbo principal:

yo	**había**	
tú	**habías**	habl**ado**
él, ella, usted	**había**	com**ido**
nosotros/as	**habíamos**	viv**ido**
vosotros/as	**habíais**	
ellos, ellas, ustedes	**habían**	

- El pretérito pluscuamperfecto se usa para hablar de una acción terminada que precede a otra acción también terminada; es decir, es un **pasado anterior a otro pasado**:

    Cuando llegué a casa, tú ya ***habías salido****.*
    (La acción de salir es anterior a la de llegar).
    No fui al cine con ellos porque ya ***había visto*** *la película.*
    (La acción de ver es anterior a la de ir).

- También sirve para hablar de una **experiencia** que se tiene **por primera vez**:

    Nunca antes ***había probado*** *un plato tan picante como este.*

- Por último, se usa para expresar la **inmediatez** de dos acciones en el pasado:

    Le pedí que viniera a verme y, a la media hora, ya ***había llegado****.*

> Recuerda:
> - Hay algunos participios irregulares: ***abierto, cubierto, dicho, escrito, hecho, muerto, puesto, resuelto, roto, satisfecho, visto, vuelto...***
> - También son irregulares los participios de verbos derivados de estos, como ***descubierto, deshecho, previsto, propuesto...***
> - El participio es invariable en género y número: *él* ***había*** *dicho, ella* ***había*** *dicho, ellos* ***habían*** *dicho...*
> - Con los verbos reflexivos, el pronombre se coloca delante del verbo: ***me*** *había peinado,* ***te*** *habías levantado,* ***se*** *había dormido...*

Estilo indirecto o discurso referido

- Cuando contamos lo que ha dicho otra persona podemos repetir literalmente esas palabras *(María dijo: "Tengo hambre")*, aunque lo normal es usar el **estilo indirecto**, que nos permite matizar, resumir o dar una interpretación subjetiva a ese mensaje.
- En el estilo indirecto se producen **cambios gramaticales** que afectan a los pronombres, a los demostrativos, a los tiempos verbales... Fíjate en estos ejemplos:

    "Ese libro es mío". › *Dijo que ese/****aquel*** *libro* ***era suyo****.*
    "Nos sentamos aquí". › *Llegaron y dijeron que* ***se sentaban allí****.*

- En cuanto a los cambios verbales, estos se producen fundamentalmente cuando el verbo principal *(decir, preguntar, exclamar, afirmar, asegurar...)* está en pasado, es decir, cuando cambia el marco temporal. Estos son los más comunes:
    - presente › pretérito imperfecto: *"Son las once".* › *Dijo que* ***eran*** *las once.*
    - pretérito perfecto › pretérito perfecto/pluscuamperfecto:
      "Hemos llegado a tiempo". › *Han asegurado que* ***han llegado/habían llegado*** *a tiempo.*
    - pretérito indefinido › pretérito pluscuamperfecto: *"Sí, me llamó Juan".* › *Afirmó que le* ***había llamado*** *Juan.*

> Fíjate:
> Cuando el verbo principal está en pretérito perfecto, este se refiere al presente o al pasado:
> *"Me acuesto, estoy cansada".* › ***Ha dicho*** *que se* ***acuesta*** *porque* ***está*** *cansada.*
> ***Ha dicho*** *que se* ***acostaba*** *porque* ***estaba*** *cansada.*

Localizar y describir un lugar

- Recuerda que para **localizar y describir un lugar** se usan principalmente los verbos ***ser***, ***estar*** y ***tener***. Además, si quieres usar un lenguaje más formal o académico, puedes utilizar las siguientes expresiones:
  - Se halla/Se encuentra/Se sitúa/Está situado(a)/Discurre (referido a un río)
  - Va desde… hasta…
  - Tiene una altitud de X metros (m)/una longitud de X kilómetros (km)/una extensión de X kilómetros cuadrados (km^2)
- Además, en este tipo de descripciones es muy frecuente el uso del **superlativo**:

  *Es el pico **más** alto **del** país.*
  *Es la isla **más** grande **del** archipiélago.*
  *Este puente colgante está considerado una de las obras de ingeniería **más** importantes **de** la región.*

Presentar un trabajo ante una audiencia

- Para **destacar un elemento del discurso**, puedes usar:
  - sobre todo/en concreto/en particular/especialmente/concretamente

    *Es una isla muy montañosa, **sobre todo** al sur.*
  - ***Es importante*** + infinitivo

    Es importante *decir que la playa está a solo dos kilómetros.*
- Para **introducir un nuevo tema**:
  - en cuanto a/respecto a/por otra parte/a continuación

    En cuanto a *las islas, la mayor es Mallorca.*
- Para **interrumpir**, hacer una pregunta o pedir una aclaración:
  - Un momento, ¿puedo decir una cosa?
  - (Solo) una cosa…
  - Perdona/Lo siento, pero ¿puedo hacer una pregunta/decir algo?
- Si no se desea ser **interrumpido**:
  - Por favor, déjame terminar.
  - Solo un minuto (por favor).

Los números ordinales a partir del 10.º

- Los números **ordinales** indican la posición que ocupa un elemento dentro de una serie ordenada. Estos son los ordinales correspondientes a los cardinales 11-20:
  - 11.º undécimo/a
  - 12.º duodécimo/a
  - 13.º decimotercero/a
  - 14.º decimocuarto/a
  - 15.º decimoquinto/a
  - 16.º decimosexto/a
  - 17.º decimoséptimo/a
  - 18.º decimoctavo/a
  - 19.º decimonoveno/a
  - 20.º vigésimo/a

  *El nadador chileno quedó en **undécima** posición, y el cubano, en **decimosexta**.*
- Coloquialmente solo se usan los ordinales del 1.º al 10.º. Para el resto de los números ordinales se usan los correspondientes números cardinales:

  *El bisabuelo de Felipe VI **(sexto)** era Alfonso XIII **(trece)**.*
  *El departamento de deportes está en la séptima planta y el de tecnología en la **doce**.*

Unidad 2: EnREDados

Presente de subjuntivo regular (repaso)

El **presente de subjuntivo regular** tiene las siguientes terminaciones:

	Trabajar	**Comer**	**Escribir**
yo	trabaje	coma	escriba
tú	trabajes	comas	escribas
él, ella, usted	trabaje	coma	escriba
nosotros/as	trabajemos	comamos	escribamos
vosotros/as	trabajéis	comáis	escribáis
ellos, ellas, ustedes	trabajen	coman	escriban

Recuerda:
Los verbos en *-er* e *-ir* tienen las mismas terminaciones en presente de subjuntivo.

Presente de subjuntivo irregular (repaso)

- Las formas irregulares en presente de subjuntivo se construyen a partir de las formas irregulares en presente de indicativo con algunos cambios.
- Verbos con **irregularidad vocálica**:

Pensar e > ie	**Sentir** e > ie + e > i	**Encontrar** o > ue	**Dormir** o > ue + o > u	**Pedir** e > i
piense	sienta	encuentre	duerma	pida
pienses	sientas	encuentres	duermas	pidas
piense	sienta	encuentre	duerma	pida
pensemos	sintamos	encontremos	durmamos	pidamos
penséis	sintáis	encontréis	durmáis	pidáis
piensen	sientan	encuentren	duerman	pidan

Recuerda:
Solo hay otro verbo que se conjuga como *dormir*, el verbo *morir*.

  - Los verbos que cambian e > ie y que terminan en *-ir* cambian también e > i en *nosotros/as* y *vosotros/as*: *sintamos, sintáis*.
  - Los verbos *dormir* y *morir*, además del cambio o > ue, cambian o > u en *nosotros/as* y *vosotros/as*: *durmamos, durmáis, muramos, muráis*.
  - Los verbos que cambian e > i son irregulares en todas las personas.
- Los verbos que tienen irregular la **persona *yo*** del presente de indicativo también son irregulares en presente de subjuntivo, pero en todas las personas:
  - hacer > **hago** > **haga, hagas, haga, hagamos, hagáis, hagan**.
  - Otros verbos: construir > **construya**; poner > **ponga**; caer > **caiga**; conducir > **conduzca**...
- Algunos verbos tienen una **irregularidad propia** en este tiempo:
  - estar > **esté, estés, esté, estemos, estéis, estén**
  - haber > **haya, hayas, haya, hayamos, hayáis, hayan**
  - saber > **sepa, sepas, sepa, sepamos, sepáis, sepan**
  - ser > **sea, seas, sea, seamos, seáis, sean**
  - ir > **vaya, vayas, vaya, vayamos, vayáis, vayan**
  - ver > **vea, veas, vea, veamos, veáis, vean**
- Hay formas verbales, tanto regulares como irregulares, que sufren cambios ortográficos para conservar el sonido del verbo en infinitivo: *seguir* > *siga; cocer* > *cueza; recoger* > *recoja; buscar* > *busque...*

Recuerda:
El subjuntivo se usa en estructuras que sirven para dar **consejos** y hacer **recomendaciones**, expresar **permiso** y **prohibición**, expresar **deseos** o hacer **peticiones**:

Te ***aconsejo que vayas*** *a ver a Carla y hables con ella.*
Vale, salid, pero recordad ***está prohibido que volváis*** *después de las diez.*
Marta ***espera que*** *Juan* ***vuelva*** *antes de Navidad.*
Lola me ***ha pedido que*** *la* ***ayude*** *a pintar su casa.*

El imperativo afirmativo y negativo regular e irregular (repaso)

- **Formas regulares**:

	Hablar	Leer	Abrir
tú	habla	lee	abre
usted	hable	lea	abra
vosotros/as	hablad	leed	abrid
ustedes	hablen	lean	abran

- **Irregularidades vocálicas**:
  - encender (e › ie): enc**ie**nde, enc**ie**nda, encended, enc**ie**ndan
  - colgar (o › ue): c**ue**lga, c**ue**lgue, colgad, c**ue**lguen
  - jugar (u › ue): j**ue**ga, j**ue**gue, jugad, j**ue**guen
  - seguir (e › i): s**i**gue, s**i**ga, seguid, s**i**gan
  - huir (i › y): hu**y**e, hu**y**a, huid, hu**y**an

- **Otras irregularidades**:

Hacer	Poner	Venir	Tener	Ser
haz	**pon**	**ven**	**ten**	**sé**
haga	**ponga**	**venga**	**tenga**	**sea**
haced	poned	venid	tened	sed
hagan	**pongan**	**vengan**	**tengan**	**sean**

Decir	Salir	Ir	Oír
di	**sal**	**ve**	**oye**
diga	**salga**	**vaya**	**oiga**
decid	salid	id	oíd
digan	**salgan**	**vayan**	**oigan**

La forma *vosotros/as* es siempre regular en imperativo afirmativo.

- Como has visto, el imperativo es un modo verbal que solo tiene dos formas propias: las formas ***tú*** y ***vosotros/as*** del imperativo afirmativo. Para las personas ***usted*** y ***ustedes*** y para formar el **imperativo negativo** se utilizan las formas correspondientes del presente de subjuntivo:

Rellene usted *primero el formulario y luego* ***envíelo*** *a la dirección indicada.*
Por favor, ***pregunten ustedes*** *a un policía, él podrá ayudarles.*
No vengas *antes de las tres porque no estaré.*
No salgáis *de casa sin coger un paraguas.*

- El imperativo se usa para dar **instrucciones, órdenes, consejos** o **permiso**:

__Conecta__ primero la impresora, luego __enciende__ el ordenador.
__Sal__ inmediatamente de aquí.
__Visita__ la exposición, te va a encantar.
__Coge__ mi coche, yo no lo necesito hoy.

> Recuerda que en el imperativo afirmativo los pronombres se ponen **detrás** del verbo formando una sola palabra con él, mientras que en el imperativo negativo los pronombres se colocan **delante** del verbo, como ocurre con la mayoría de los tiempos verbales:
>
> ▶ *¿Qué hago con el archivo?*
> ▷ ***Adjúntalo** al mensaje y **mándamelo**, pero **no me lo envíes** al correo del trabajo, no lo miro los fines de semana.*

> RAE
>
> GRAMÁTICA
>
> Recuerda que en las zonas voseantes de América el imperativo tiene una forma propia para la persona ***vos*** (hablá, bebé, abrí, empezá, volvé, elegí, tené, hacé, poné, vení, salí, decí...):
>
> ***Empezá** vos, por favor./**Comé, comé**, está muy bueno.*

Responder a una llamada en el trabajo y pedir información

- Para responder a una **llamada** en el **trabajo**, podemos usar:
  - Departamento y/o nombre de la **empresa** + **saludo** + ***le atiende*** + nombre; ***¿dígame?/¿en qué puedo ayudarle?***

    *Departamento de Servicio Técnico de **Novaltel**, buenos días, **le atiende** María; **¿dígame?***
- Para **pedir información**, usamos:
  - ***¿Podría decirme si*** + presente?
  - ***Quería saber si*** + presente

    ***¿Podría decirme si** mañana las oficinas estarán abiertas?*

Justificar un consejo

Para ser más convincentes, introducimos una **justificación** de nuestros consejos o instrucciones con estas estructuras:

- ***Si*** + objetivo, consejo

  ***Si** necesitas aprender rápidamente el idioma, te recomiendo que hagas un curso intensivo.*
- Consejo, ***así*** + consecuencia

  *Te aconsejo que cojas un taxi, **así** llegarás antes a la cita.*

Unidad 3: Un poco de educación

Usos del subjuntivo (1): expresar deseos y preferencias

- Para expresar **deseos** y **preferencias** se usan los verbos *querer, desear, esperar, tener ganas de* o *preferir* en la oración principal.
  - Si el **sujeto** de la oración principal y el de la subordinada **son diferentes**, estos verbos van seguidos de *que* + **subjuntivo**:
    *¿No **queréis que salgamos** a dar una vuelta más tarde?*
    *Te **deseo que tengas** un buen viaje.*
    *No **tengo ganas de que vengan, prefiero que vayamos** nosotras.*
  - Si el **sujeto** de las dos oraciones **es el mismo**, entonces estos verbos van seguidos de **infinitivo**:
    *Luisa **espera vernos** esta tarde.*
- También se usa la interjección *ojalá (que)* seguida de subjuntivo:
  *¡**Ojalá (que)** esta tarde no **llueva** y **podamos** ir a la playa!*

Fíjate:

- Existen muchas expresiones que sirven para manifestar buenos deseos a otra/s persona/s y que se construyen con *que* + **presente de subjuntivo**:

*¡**Que descanses**!*	*¡**Que te vaya** bien!*	*¡**Que tengas** buen viaje!*	*¡**Que te mejores**!*
*¡**Que lo pases** bien!*	*¡**Que seas** feliz!*	*¡**Que cumplas** muchos más!*	*¡**Que aproveche**!*

Como ves, no es necesario expresar el verbo principal *(deseo, espero...)* porque se sobrentiende.

- Estas expresiones funcionan como fórmulas sociales fijas y suelen escribirse entre signos de exclamación.

RAE

COMUNICACIÓN

En Hispanoamérica, algunas de estas expresiones son algo diferentes.

- Que la pases bien: *Sophie, si te vas a quedar aquí unos días es mejor **que la pases bien**, ¿no?*
- Que te vaya bonito (México): *Ojalá **que te vaya bonito**, ojalá que se acaben tus penas.*
- Que los cumplas feliz (Argentina): *Germán entra con una pequeña torta con 40 velitas encendidas y canta "**Que los cumplas feliz**".*
- Que te alivies: *Mami, espero **que te alivies** para que podamos estar juntas y vayamos a España de vacaciones.*

Usos del subjuntivo (2): dar consejos y hacer recomendaciones

- Para **dar consejos** y **hacer recomendaciones** se pueden usar los verbos *aconsejar, recomendar* y *sugerir* seguidos de **infinitivo** o **subjuntivo**:
  *Te **recomiendo instalar/que instales** la aplicación.*
  *Mi jefa me aconseja **hacer/que haga** una pausa a media mañana.*
  ***Os sugerimos ir/que vayáis** a la exposición; os va a encantar.*
- También puedes usar las siguientes estructuras:

Es	*conveniente* *recomendable* *aconsejable*	+ **infinitivo**, para hablar de **acciones o situaciones generales**: *Es **aconsejable dormir** ocho horas al día.* + *que* + presente de **subjuntivo**, para **personalizar el consejo**: *Chicos, **es conveniente que terminéis** el ejercicio ya.*

Usos del subjuntivo (3): hacer peticiones

Para **hacer peticiones** se usan los verbos *pedir, rogar* y *suplicar* seguidos de *que* + **subjuntivo**:

Os pido, por favor, que recojáis la mesa y que freguéis los platos.
Las autoridades ruegan que se cumplan todas las normas.

> Fíjate:
> Los verbos *rogar* y *suplicar* se usan en situaciones muy formales o bien cuando queremos pedir algo con mucho énfasis:
>
> *Le **ruego** que me explique su problema.*
> *¡Te **suplico** que te calles, por favor!*

Usos del subjuntivo (4): dar órdenes, dar permiso y prohibir

- Para **dar órdenes** podemos usar los verbos *mandar* y *ordenar* y para **dar permiso y prohibir**, los verbos *permitir, dejar* y *prohibir*. Como en otros casos que hemos visto, pueden ir seguidos de **infinitivo** o **subjuntivo**:

  *Me ha mandado **cortar/que corte** el césped.*
  *Te dejo **coger/que cojas** mi coche, pero solo hoy.*
  *¿Me permites **usar/que use** tu móvil? El mío está sin batería.*
  *Os prohíbo **salir/que salgáis** de clase hasta la hora del recreo.*

- En carteles es frecuente el uso de fórmulas impersonales: *se prohíbe/permite, está permitido/prohibido* seguidas de **infinitivo**:

  ***(Está)Prohibido fumar** en cualquier lugar del edificio.*
  *Solo **se permite llevar** en cabina equipaje de mano.*

> Fíjate:
> - El verbo *ordenar* se usa en situaciones muy especiales: cuando la persona que lo usa está muy enfadada y tiene una relación jerárquica de superioridad con el interlocutor (los padres con sus hijos, por ejemplo). En otros contextos, su uso puede resultar muy descortés y ofensivo.
> - Recuerda que para dar órdenes se usa principalmente el **imperativo**:
>
>   ***Sal** de aquí ahora mismo.*
>   ***Terminen** ya el examen.*

Pedir, dar y agradecer un consejo

- Para **pedir un consejo** puedes usar las siguientes expresiones:
  - ¿Puedes aconsejarme?
  - ¿Qué me recomiendas/aconsejas?
  - ¿A ti qué te parece?
  - ¿Qué puedo hacer?
- Recuerda los verbos y expresiones que has aprendido para **dar consejos**:
  - *Te aconsejo/recomiendo/sugiero* + infinitivo/*que* + subjuntivo
  - *Es conveniente/aconsejable/recomendable* + infinitivo/*que* + subjuntivo
- Para **dar las gracias** puedes usar expresiones como:
  - Muchas gracias por todo/tu consejo.
  - Te agradezco mucho tu ayuda.
  - Me has ayudado mucho, ¡gracias!

Interaccionar en una conversación

- Para indicar que **sigues con interés** lo que te cuentan, puedes usar:
  - Sí, sí, claro. / Sí, ya.
  - ¿De verdad? / ¿En serio?
  - ¡Vaya!
- Para **controlar la atención** de la persona con la que hablas, puedes decir:
  - Mira.../Oye...
  - ¿No?/¿Sí?
  - ¿Vale?/¿Me entiendes?

Expresar preferencia

Además del verbo ***preferir***, para decir que algo nos parece mejor podemos usar:

- ***Me gusta/interesa más que*** + presente de subjuntivo

  Me gusta más que haya profesores en línea. *¿No te interesa más que haya material descargable?*
- Lo que más/menos me gusta/interesa es/son...

  Lo que más me gusta es el foro. *Lo que menos me interesa son los talleres.*

Unidad 4: ¡Súmate!

Uso de los pronombres personales de segunda persona

RAE

COMUNICACIÓN

- Tú y vos frente a usted. *Tú* es la forma empleada en España y en muchas zonas de América para el tratamiento informal o de confianza. El pronombre vos se usa en América mayoritariamente en el Cono Sur y en amplias zonas de América Central. En algunos países, como Chile, vos alterna con tú:

  *¿Qué hace un tipo como **tú** despierto a estas horas?*
- Usted frente a tú y vos. *Usted* es la forma más empleada para el tratamiento formal. El pronombre usted implica cierto distanciamiento, cortesía y formalidad:

  *¿Cómo se puede uno poner en contacto con **usted** aunque sea por correo electrónico?*
- El mismo valor formal presenta la forma de plural ustedes frente a vosotros/as en la mayor parte de España; en cambio, en todo el territorio americano y, dentro de España, en Andalucía occidental y Canarias, ustedes es la única forma empleada para dirigirse a varios interlocutores, tanto en el tratamiento formal como en el informal.

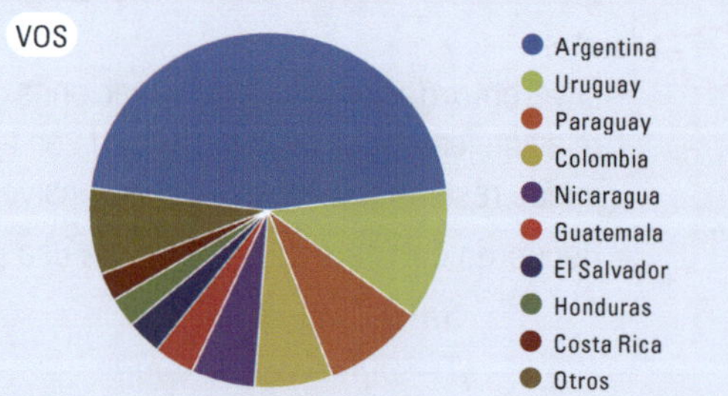

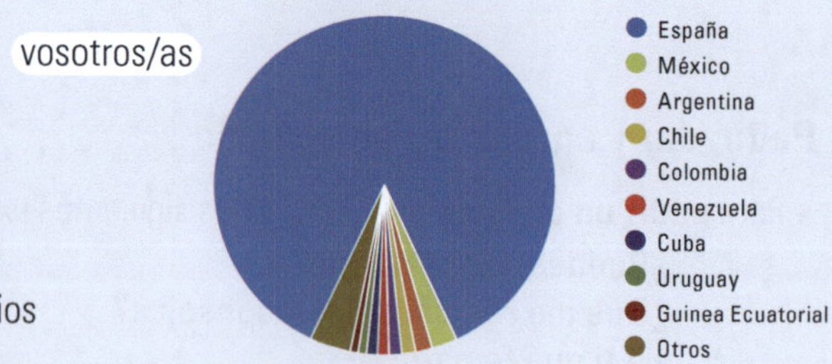

Verbos de pensamiento + indicativo/subjuntivo

- Los verbos ***pensar***, ***creer*** y ***parecer*** se construyen con ***que*** + **indicativo** cuando son **afirmativos**:

  Pienso que se malgasta *demasiada energía.*

  Creemos que es *necesario reciclar más y mejor.*

  *A Juan **le parece que usamos** demasiados envases de plástico.*

- Estos verbos se construyen con *que* + **subjuntivo** si van en forma **negativa**. En este caso, se usa el subjuntivo para **rebatir una opinión** expresada anteriormente o que se sobrentiende:

  No pienso que se haga todo lo necesario para resolver el problema.
  No creo que la solución sea subir el precio de los combustibles.
  No nos parece que la situación esté empeorando.

> Fíjate:
> - Para que el verbo subordinado se conjugue en subjuntivo, la negación tiene que estar en la oración principal:
>   *Creo que **no tienes** razón.*
>   ***No creo** que **tengas** razón.*
> - Si el verbo de la oración principal va en **imperativo negativo** o es una **pregunta**, se usa **indicativo** en la oración subordinada:
>   ***No creas** que me **has convencido**.*
>   *¿**No te parece** que Alberto **ha adelgazado** demasiado?*

- Otros verbos de pensamiento *(opinar, saber, imaginar, recordar, suponer...)* no se suelen usar en forma negativa si van en presente de indicativo porque sirven para expresar un pensamiento u opinión sin contraponerlos a ningún otro:

  ***Opino** que **debemos** tomar medidas inmediatamente.*
  ***Imaginamos** que todos **estabais** de acuerdo.*
  ***Recuerdo** que **hablamos** de esto en otra reunión.*
  ***Supongo** que la solución **tiene** que ser global.*

Construcciones para expresar juicios de valor

- Para **valorar un hecho** de manera **general** usamos estas estructuras:
  - *(No) Es/Me parece* + adjetivo/sustantivo **valorativo** + **infinitivo**

    ***Es/Me parece importante cuidar** el medioambiente.*
    ***Es/Me parece una irresponsabilidad** no **controlar** el consumo de agua.*
  - ***Está/Me parece*** + *bien/mal* + **infinitivo**

    ***Está/Me parece mal usar** bolsas de plástico.*
- Para **valorar un hecho personalizando** usamos estas estructuras:
  - *(No) Es/Me parece* + adjetivo/sustantivo **valorativo** + *que* + **subjuntivo**

    ***Es/Me parece interesante que** el Gobierno **subvencione** la instalación de placas solares en los edificios.*
    ***Es/Me parece un horror que derroches** el agua cuando te lavas los dientes.*
  - ***Está/Me parece*** + *bien/mal* + *que* + **subjuntivo**

    ***Está/Me parece bien que reduzcamos** el consumo de gasolina.*

Gramaticalmente, hay un cambio de sujeto que obliga al uso del subjuntivo, como ya has visto en otros casos.

> Fíjate:
> ***Ser*** se construye con los adjetivos ***bueno/malo***, y ***estar***, con los adverbios ***bien/mal***:
>   ***Es malo** no ahorrar energía./**Está mal** no ahorrar energía.*

- Algunos adjetivos y sustantivos **valorativos** son:

Adjetivos valorativos	
bueno/malo	sorprendente
importante	intolerable
increíble	interesante
escandaloso	estupendo
justo/injusto	(...)

Sustantivos valorativos	
una vergüenza	una tontería
una pena	un desastre
un horror	un rollo
una buena/mala noticia	un sueño
una suerte	(...)

Expresar certeza

- Cuando queremos dar nuestra opinión expresando **certeza** usamos las siguientes estructuras:

  – ***Es cierto/obvio/verdad/evidente/indiscutible...***
  – ***Está visto/demostrado/claro...***
  + *que* + **indicativo**

  Es evidente que *nuestra huella ecológica* ***es*** *devastadora.*
  Está demostrado que *un consumo responsable* ***mejora*** *nuestro medioambiente.*

- Estas estructuras se construyen con **subjuntivo** cuando van **en forma negativa**. En este caso, generalmente se usan para contradecir una opinión anterior o sobrentendida:

  No está tan claro que *el cambio climático* ***sea*** *irreversible.*

Introducir una opinión

Para introducir tu **opinión** o la de otras personas puedes usar las siguientes estructuras:

- ***Para*** + pronombre personal *(mí, ti, él, ella...)*/nombre propio...
  Para *mí/Luis es necesario que todos nos concienciemos.*
- A mí/Pedro... me/le... parece que...
  A mí/A Pedro me/le parece *increíble* ***que*** *no se enseñe a reciclar en los colegios.*
- ***Según*** + pronombre personal *(tú, él, ella...)*/nombre propio/*mi idea/tu criterio/lo que ha dicho...*
  Según *Marina Ochoa, no es cierto que las empresas produzcan vertidos ilegales.*
- En mi/tu/su opinión...
  En tu opinión*, ¿no es necesario buscar una solución?*
- Desde mi/tu/su punto de vista...
  Desde mi punto de vista*, la situación ha mejorado mucho en los últimos meses.*

Expresar acuerdo o desacuerdo con una opinión

- Habitualmente se utilizan las siguientes expresiones con el verbo *estar* para dejar clara **nuestra posición** concreta frente a una opinión:
  – (No) Estar de acuerdo con...
  Estoy de acuerdo con *lo que ha dicho antes Marisa. Tiene toda la razón.*
  – (No) Estar a favor de...
  Yo no estoy a favor de *subir los precios. Me parece que nos perjudicará.*
  – (No) Estar en contra de...
  No estamos en contra de *todas las decisiones, pero algunas nos parecen discutibles.*

- Para expresar **acuerdo parcial** con una opinión se utilizan estas expresiones:
  - No estoy totalmente de acuerdo con...
    No estoy totalmente de acuerdo con lo que dices.
  - Estoy de acuerdo en parte, pero...
    Marta está de acuerdo en parte, pero quiere tener más información.
  - Estoy a favor, pero...
    Estoy a favor, pero no creo que sirva de nada.

Unidad 5: Para siempre

Expresar gustos, intereses y preferencias

- Recuerda que los verbos *gustar*, *encantar* e *interesar* se construyen casi siempre en tercera persona, acompañados de los pronombres de objeto indirecto. Esta construcción especial se conjuga en singular si a continuación hay un **sustantivo singular** y en plural si el **sustantivo** es **plural**:

  Me gusta/encanta/interesa la entrevista que le han hecho a este actor.
  Me gustan/encantan/interesan las entrevistas que hace esta periodista.

  - Cuando esta construcción va seguida de un verbo, se usa el **infinitivo** si las acciones se refieren al mismo sujeto y *que* + **subjuntivo** si las acciones se refieren a sujetos diferentes:
    *Me gusta/encanta/interesa **ver** las películas en versión original.*
    *Me gusta/encanta/interesa **que hablemos** de este tema.*

- El verbo *preferir* se construye como la mayoría de los verbos en español:

  *Silvia **prefiere estas plantas** para el dormitorio, necesitan menos luz.*
  ***Prefiero ver** las series en mi portátil.*
  *¿Quién de vosotros **prefiere que vayamos** a cenar fuera?*

Recuerda:
Los verbos *gustar* e *interesar* se pueden graduar en intensidad con *muchísimo*, *mucho*, *bastante*, *no... demasiado*, *no... mucho*, *no... nada*; en cambio el verbo *encantar* expresa el grado máximo de intensidad, por lo que no se puede graduar. Se usa solo:

▶ *No me gusta **demasiado** el sabor de este pescado, es muy fuerte.*
▷ *Pues a mí me gusta **muchísimo**, ¡me encanta!*

Verbos de sentimiento y emoción que se construyen como *gustar*

Muchos de los verbos que expresan **emociones, sentimientos y sensaciones** se construyen igual que *gustar*, es decir, en tercera persona y acompañados de los pronombres de objeto indirecto, por ejemplo: *aburrir*, *fastidiar*, *preocupar*, *agradar*, *importar*, *molestar*, *sorprender*, *enfadar*, *indignar*:

Me molesta que digas eso porque no es cierto.
Si te preocupa que empiecen sin ti, llama para avisar de que llegarás tarde.
Me indigna que asciendan a Pedro, tú tienes mucha más experiencia.

Locuciones verbales con *dar* y *poner* para expresar sentimientos y emociones

- Las locuciones ***dar*** + **sustantivo** *(miedo, pena, lástima, vergüenza, rabia, asco...)* y ***poner*** + **adjetivo** *(triste, contento/a, furioso/a, nervioso/a...)* también expresan **sentimientos y emociones** y se construyen igual que el verbo ***gustar***:

  Me da rabia *que me repitas todo dos veces.*
  ¿No ***te da miedo*** *perder el trabajo?*
  Me da *mucha* ***alegría*** *veros de nuevo.*
  Me pone nervioso *que Juan hable tanto, no calla un momento.*
  Nos puso tristes *saber lo que te había pasado.*
  A Eva ***le pone furiosa*** *que el profesor la corrija.*

- Estas construcciones pueden ir seguidas de ***cuando*** o ***si*** en lugar de ***que***. En este caso, el verbo que introducen va en **indicativo.** Además, el verbo ***poner*** se hace **reflexivo**:

  Me da vergüenza ***cuando*** *te* ***oigo*** *contar esas historias.*
  Me pongo *muy nervioso* ***cuando/si*** *me* ***llama*** *mi jefa.*

> Fíjate:
> Otras locuciones muy usadas con ***dar*** y ***poner*** son ***dar igual/lo mismo*** (para mostrar indiferencia) y ***poner de buen/mal humor***.

> RAE
>
> LÉXICO
>
> - En Paraguay se usa hallarse con el significado de 'encontrarse en cierto estado emocional (triste, alegre...)' o 'no encontrarse a gusto en algún sitio o situación, estar molesto':
>
>   *Desde que la providencia me dejó viudo,* ***no me hallo.***
> - En el español de América es más frecuente el uso de enojar(se) frente a enfadar(se), que se usa más en el español de España:
>
>   *Será mejor que no hagamos* ***enojar*** *a tu papá.*

Otros verbos que expresan sentimiento, emoción y estados de ánimo

- Además de los que has visto hasta ahora, hay otros verbos que expresan sentimientos y emociones en los que el sujeto es la persona que experimenta el sentimiento o la emoción, como ***soportar, sentir, temer, lamentar, odiar, aguantar*** o ***alegrarse***:

  No soporto *que hagas ruido.*
  *¿****Te alegras*** *de vernos?*
  Lamento *lo que te ha ocurrido.*
  Luis siente *que estés enfadada.*
  Detesto *este tipo de música.*
  Me emociono *cuando veo esta foto.*

- Para expresar **estados de ánimo** se usa el verbo ***estar*** con las construcciones que ya conoces:

  Estoy contento de ***verte****.*
  Estoy contento ***cuando/si*** *nos* ***vemos****.*
  Estoy contento de ***que vengas*** *a verme.*

> Fíjate:
> Para expresar estados emocionales también se pueden usar los verbos ***sentirse*** o ***encontrarse***:
>
> *Felipe* ***se siente/se encuentra*** *bastante preocupado por la situación familiar.*

Oraciones de relativo con antecedente conocido y desconocido

- Recuerda que las oraciones de relativo sirven para unir frases que tienen un elemento en común (el **antecedente**) mediante los relativos. Los más habituales son el pronombre ***que*** y el adverbio ***donde***:
  He alquilado un piso. Tiene una terraza fantástica. › *He alquilado* ***un piso que*** *tiene una terraza fantástica.*
- Cuando el antecedente es **conocido**, real, las oraciones de relativo se construyen con **indicativo**:
  La universidad donde *estudio está en Sevilla.*
- Sin embargo, cuando el antecedente es **desconocido**, solo conocemos sus características, preguntamos por su existencia o la negamos, estas oraciones se construyen con **subjuntivo**:
  Busco ***una casa que tenga*** *jardín.*
  ¿Conoces a ***alguien que sepa*** *arreglar ordenadores?*
  No tengo ***ninguna camisa que*** *te* ***valga****.*
  - Para preguntar y para responder negativamente se usan los pronombres indefinidos ***algo/nada, alguien/nadie***:
    ▶ *Oye, ¿conoces a* ***alguien que tenga*** *una furgoneta?*
    ▷ *Pues no, la verdad, no conozco a* ***nadie que tenga*** *una furgoneta.*

Mostrar empatía

- Para mostrar **empatía**, es decir, que entendemos y compartimos las emociones que expresan los demás, podemos usar:
  - Ya, ya.
  - Tienes razón.
  - Sí, claro.
  - Sí, lo entiendo (perfectamente).
  - Entiendo que te enfades.
  - Siento verte/que estés así.
- También puedes usar las expresiones para reaccionar que ya conoces:
  - ¡Qué alegría!
  - ¡Qué desastre!
  - ¡Qué susto!...

Destacar un elemento del discurso

Cuando se quiere **destacar un elemento** dentro del discurso se pueden usar estas expresiones:

- sobre todo/en concreto/en particular
  Me gusta mucho esta ciudad, ***sobre todo*** *el centro histórico.*
  Nos referimos ***en concreto/en particular*** *a lo que contó Juan ayer.*
- especialmente/principalmente
  Me encanta el teatro, ***especialmente/principalmente*** *el clásico.*
- *es importante* + infinitivo
  Es importante daros *las gracias a todos por vuestra colaboración.*

Preguntar por preferencias

Además de expresar tus preferencias con las expresiones que conoces, puedes **preguntar las preferencias de otra persona** usando estas estructuras:

- ¿Qué es lo que más/menos te gusta de...?
  ¿Qué es lo menos te gusta de *vivir en el campo?*
- ***¿Qué te interesa más?*** ¿Opción 1 + *o* + opción 2?
  ¿Qué te interesa más*, venir con nosotros o irte por tu cuenta?*
- ¿Cada cuánto tiempo prefieres...?
  ¿Cada cuánto tiempo prefieres *limpiar?*

Tabla de verbos

Presente de indicativo

Verbos regulares

1.ª conjugación -AR CANTAR	2.ª conjugación -ER COMER	3.ª conjugación -IR VIVIR
canto	como	vivo
cantas	comes	vives
canta	come	vive
cantamos	comemos	vivimos
cantáis	coméis	vivís
cantan	comen	viven

Verbos reflexivos regulares

Bañarse	Ducharse	Lavarse	Levantarse	Peinarse
me baño	**me** ducho	**me** lavo	**me** levanto	**me** peino
te bañas	**te** duchas	**te** lavas	**te** levantas	**te** peinas
se baña	**se** ducha	**se** lava	**se** levanta	**se** peina
nos bañamos	**nos** duchamos	**nos** lavamos	**nos** levantamos	**nos** peinamos
os bañáis	**os** ducháis	**os** laváis	**os** levantáis	**os** peináis
se bañan	**se** duchan	**se** lavan	**se** levantan	**se** peinan

Verbos irregulares

Verbos con irregularidad vocálica

- **E > IE**

Cerrar	Comenzar	Despertarse	Divertirse	Empezar
c**ie**rro	com**ie**nzo	me desp**ie**rto	me div**ie**rto	emp**ie**zo
c**ie**rras	com**ie**nzas	te desp**ie**rtas	te div**ie**rtes	emp**ie**zas
c**ie**rra	com**ie**nza	se desp**ie**rta	se div**ie**rte	emp**ie**za
cerramos	comenzamos	nos despertamos	nos divertimos	empezamos
cerráis	comenzáis	os despertáis	os divertís	empezáis
c**ie**rran	com**ie**nzan	se desp**ie**rtan	se div**ie**rten	emp**ie**zan

Entender	Merendar	Pensar	Perder	Querer
ent**ie**ndo	mer**ie**ndo	p**ie**nso	p**ie**rdo	qu**ie**ro
ent**ie**ndes	mer**ie**ndas	p**ie**nsas	p**ie**rdes	qu**ie**res
ent**ie**nde	mer**ie**nda	p**ie**nsa	p**ie**rde	qu**ie**re
entendemos	merendamos	pensamos	perdemos	queremos
entendéis	merendáis	pensáis	perdéis	queréis
ent**ie**nden	mer**ie**ndan	p**ie**nsan	p**ie**rden	qu**ie**ren

- **O › UE**

Acordarse	Acostarse	Almorzar	Contar	Dormir	Encontrar
me ac**ue**rdo	me ac**ue**sto	alm**ue**rzo	c**ue**nto	d**ue**rmo	enc**ue**ntro
te ac**ue**rdas	te ac**ue**stas	alm**ue**rzas	c**ue**ntas	d**ue**rmes	enc**ue**ntras
se ac**ue**rda	se ac**ue**sta	alm**ue**rza	c**ue**nta	d**ue**rme	enc**ue**ntra
nos acordamos	nos acostamos	almorzamos	contamos	dormimos	encontramos
os acordáis	os acostáis	almorzáis	contáis	dormís	encontráis
se ac**ue**rdan	se ac**ue**stan	alm**ue**rzan	c**ue**ntan	d**ue**rmen	enc**ue**ntran

Poder	Recordar	Resolver	Soler	Soñar	Volver
p**ue**do	rec**ue**rdo	res**ue**lvo	s**ue**lo	s**ue**ño	v**ue**lvo
p**ue**des	rec**ue**rdas	res**ue**lves	s**ue**les	s**ue**ñas	v**ue**lves
p**ue**de	rec**ue**rda	res**ue**lve	s**ue**le	s**ue**ña	v**ue**lve
podemos	recordamos	resolvemos	solemos	soñamos	volvemos
podéis	recordáis	resolvéis	soléis	soñáis	volvéis
p**ue**den	rec**ue**rdan	res**ue**lven	s**ue**len	s**ue**ñan	v**ue**lven

- **E › I**

Elegir	Pedir	Reírse	Repetir	Servir	Vestirse
el**i**jo	p**i**do	me r**í**o	rep**i**to	s**i**rvo	me v**i**sto
el**i**ges	p**i**des	te r**í**es	rep**i**tes	s**i**rves	te v**i**stes
el**i**ge	p**i**de	se r**í**e	rep**i**te	s**i**rve	se v**i**ste
elegimos	pedimos	nos reímos	repetimos	servimos	nos vestimos
elegís	pedís	os reís	repetís	servís	os vestís
el**i**gen	p**i**den	se r**í**en	rep**i**ten	s**i**rven	se v**i**sten

- **U › UE**

Jugar
j**ue**go
j**ue**gas
j**ue**ga
jugamos
jugáis
j**ue**gan

- **I › Y**

Concluir	Construir	Contribuir	Destruir	Huir
conclu**y**o	constru**y**o	contribu**y**o	destru**y**o	hu**y**o
conclu**y**es	constru**y**es	contribu**y**es	destru**y**es	hu**y**es
conclu**y**e	constru**y**e	contribu**y**e	destru**y**e	hu**y**e
concluimos	construimos	contribuimos	destruimos	huimos
concluís	construís	contribuís	destruís	huis
conclu**y**en	constru**y**en	contribu**y**en	destru**y**en	hu**y**en

Verbos irregulares en la primera persona

- **Verbos en -ZC-**

Conducir	Conocer	Obedecer	Producir	Traducir
condu**zc**o	cono**zc**o	obede**zc**o	produ**zc**o	tradu**zc**o
conduces	conoces	obedeces	produces	traduces
conduce	conoce	obedece	produce	traduce
conducimos	conocemos	obedecemos	producimos	traducimos
conducís	conocéis	obedecéis	producís	traducís
conducen	conocen	obedecen	producen	traducen

Otros verbos irregulares en la primera persona

Caer	Dar	Hacer	Poner	Saber	Salir
caigo	**doy**	**hago**	**pongo**	**sé**	**salgo**
caes	das	haces	pones	sabes	sales
cae	da	hace	pone	sabe	sale
caemos	damos	hacemos	ponemos	sabemos	salimos
caéis	dais	hacéis	ponéis	sabéis	salís
caen	dan	hacen	ponen	saben	salen

Traer	Valer	Ver
traigo	**valgo**	**veo**
traes	vales	ves
trae	vale	ve
traemos	valemos	vemos
traéis	valéis	veis
traen	valen	ven

Verbos con dos irregularidades

Decir	Oír	Oler	Tener	Venir
digo	**oigo**	**hue**lo	**tengo**	**vengo**
d**i**ces	o**y**es	**hue**les	t**ie**nes	v**ie**nes
d**i**ce	o**y**e	**hue**le	t**ie**ne	v**ie**ne
decimos	oímos	olemos	tenemos	venimos
decís	oís	oléis	tenéis	venís
d**i**cen	o**y**en	**hue**len	t**ie**nen	v**ie**nen

Verbos con irregularidades propias

Estar	Haber	Ir	Ser
estoy	**he**	**voy**	**soy**
estás	**has**	**vas**	**eres**
está	**ha**	**va**	**es**
estamos	**hemos**	**vamos**	**somos**
estáis	habéis	**vais**	**sois**
están	**han**	**van**	**son**

Recuerda:
- El verbo ***haber*** se usa principalmente para formar los tiempos compuestos de los verbos.
- Cuando funciona como verbo impersonal, tiene una forma especial en presente, ***hay***:

  Hay *un árbol en la esquina.*

  Hay *árboles en el parque.*
- El verbo ***estar*** cambia la sílaba tónica habitual del presente de indicativo en todas las personas excepto en *nosotros/as* y *vosotros/as* (por eso algunas formas llevan tilde).

Verbos que se construyen como *gustar*

Doler	Encantar	Molestar	Parecer
me **due**le/**due**len	me encanta/encantan	me molesta/molestan	me parece/parecen
te **due**le/**due**len	te encanta/encantan	te molesta/molestan	te parece/parecen
le **due**le/**due**len	le encanta/encantan	le molesta/molestan	le parece/parecen
nos **due**le/**due**len	nos encanta/encantan	nos molesta/molestan	nos parece/parecen
os **due**le/**due**len	os encanta/encantan	os molesta/molestan	os parece/parecen
les **due**le/**due**len	les encanta/encantan	les molesta/molestan	les parece/parecen

Imperativo afirmativo

Verbos regulares

	1.ª conjugación -AR CANTAR	2.ª conjugación -ER COMER	3.ª conjugación -IR VIVIR
tú	canta	come	vive
usted	cante	coma	viva
vosotros/as	cantad	comed	vivid
ustedes	canten	coman	vivan

Verbos irregulares

Irregularidades vocálicas

- **E > IE**

Cerrar	Empezar	Pensar
ci**e**rra	empi**e**za	pi**e**nsa
ci**e**rre	empi**e**ce	pi**e**nse
cerrad	empezad	pensad
ci**e**rren	empi**e**cen	pi**e**nsen

- **O > UE**

Contar	Dormir	Volver
c**ue**nta	d**ue**rme	v**ue**lve
c**ue**nte	d**ue**rma	v**ue**lva
contad	dormid	volved
c**ue**nten	d**ue**rman	v**ue**lvan

- **U › UE**

Jugar
j**ue**ga
j**ue**gue
jugad
j**ue**guen

- **E › I**

Elegir	Pedir	Vestir
el**i**ge	p**i**de	v**i**ste
el**i**ja	p**i**da	v**i**sta
elegid	pedid	vestid
el**i**jan	p**i**dan	v**i**stan

- **I › Y**

Construir	Huir
constru**y**e	hu**y**e
constru**y**a	hu**y**a
construid	huid
constru**y**an	hu**y**an

Verbos completamente irregulares

Decir	Hacer	Ir	Oír	Poner	Salir	Ser	Tener	Venir
di	**haz**	**ve**	**oye**	**pon**	**sal**	**sé**	**ten**	**ven**
diga	**haga**	**vaya**	**oiga**	**ponga**	**salga**	**sea**	**tenga**	**venga**
decid	haced	id	oíd	poned	salid	sed	tened	venid
digan	**hagan**	**vayan**	**oigan**	**pongan**	**salgan**	**sean**	**tengan**	**vengan**

La segunda persona del plural *(vosotros/as)* del imperativo es siempre regular.

Verbos reflexivos

Acostarse	Despertarse	Dormirse	Levantarse	Reírse	Vestirse
ac**ué**sta**te**	desp**ié**rta**te**	d**ué**rme**te**	levánta**te**	r**í**e**te**	v**í**ste**te**
ac**ué**ste**se**	desp**ié**rte**se**	d**ué**rma**se**	levánte**se**	r**í**a**se**	v**í**sta**se**
acosta**os**	desperta**os**	dorm**íos**	levanta**os**	re**íos**	vest**íos**
ac**ué**sten**se**	desp**ié**rten**se**	d**ué**rman**se**	levánten**se**	r**í**an**se**	v**í**stan**se**

Pretérito perfecto de indicativo

Verbos regulares

1.ª conjugación -AR CANTAR	2.ª conjugación -ER COMER	3.ª conjugación -IR VIVIR
he cantado	**he** comido	**he** vivido
has cantado	**has** comido	**has** vivido
ha cantado	**ha** comido	**ha** vivido
hemos cantado	**hemos** comido	**hemos** vivido
habéis cantado	**habéis** comido	**habéis** vivido
han cantado	**han** comido	**han** vivido

Participios irregulares

- abrir › **abierto**
- cubrir › **cubierto**
- decir › **dicho**
- descubrir › **descubierto**
- escribir › **escrito**
- hacer › **hecho**
- imprimir › **impreso, imprimido**
- morir › **muerto**
- poner › **puesto**
- prever › **previsto**
- resolver › **resuelto**
- revolver › **revuelto**
- romper › **roto**
- satisfacer › **satisfecho**
- ver › **visto**
- volver › **vuelto**

Pretérito indefinido

Verbos regulares

1.ª conjugación -AR CANTAR	2.ª conjugación -ER COMER	3.ª conjugación -IR VIVIR
canté	comí	viví
cantaste	comiste	viviste
cantó	comió	vivió
cantamos	comimos	vivimos
cantasteis	comisteis	vivisteis
cantaron	comieron	vivieron

Verbos con cambios gráficos

• C › QU

Buscar	Pescar
bus**qu**é	pes**qu**é
buscaste	pescaste
buscó	pescó
buscamos	pescamos
buscasteis	pescasteis
buscaron	pescaron

• G › GU

Jugar	Pegar
ju**gu**é	pe**gu**é
jugaste	pegaste
jugó	pegó
jugamos	pegamos
jugasteis	pegasteis
jugaron	pegaron

• Z › C

Comenzar	Empezar
comen**c**é	empe**c**é
comenzaste	empezaste
comenzó	empezó
comenzamos	empezamos
comenzasteis	empezasteis
comenzaron	empezaron

Verbos irregulares

Verbos irregulares en la raíz verbal

Andar	Caber	Estar	Haber	Hacer	Poder
anduve	**cupe**	**estuve**	**hube**	**hice**	**pude**
anduviste	**cupiste**	**estuviste**	**hubiste**	**hiciste**	**pudiste**
anduvo	**cupo**	**estuvo**	**hubo**	**hizo**	**pudo**
anduvimos	**cupimos**	**estuvimos**	**hubimos**	**hicimos**	**pudimos**
anduvisteis	**cupisteis**	**estuvisteis**	**hubisteis**	**hicisteis**	**pudisteis**
anduvieron	**cupieron**	**estuvieron**	**hubieron**	**hicieron**	**pudieron**

Poner	Querer	Saber	Tener	Venir
puse	**quise**	**supe**	**tuve**	**vine**
pusiste	**quisiste**	**supiste**	**tuviste**	**viniste**
puso	**quiso**	**supo**	**tuvo**	**vino**
pusimos	**quisimos**	**supimos**	**tuvimos**	**vinimos**
pusisteis	**quisisteis**	**supisteis**	**tuvisteis**	**vinisteis**
pusieron	**quisieron**	**supieron**	**tuvieron**	**vinieron**

Fíjate:
En este grupo de verbos también cambia el acento habitual del pretérito indefinido:
~~quisé~~ › quise
~~tuvó~~ › tuvo

Los verbos que tienen *j* en la raíz verbal pierden la *i* en la tercera persona del plural:

Conducir	Decir	Traducir	Traer
conduje	**dije**	**traduje**	**traje**
condujiste	**dijiste**	**tradujiste**	**trajiste**
condujo	**dijo**	**tradujo**	**trajo**
condujimos	**dijimos**	**tradujimos**	**trajimos**
condujisteis	**dijisteis**	**tradujisteis**	**trajisteis**
condujeron	**dijeron**	**tradujeron**	**trajeron**

Verbos irregulares en la tercera persona

- **E > I**

Divertirse	Elegir	Impedir	Medir	Mentir	Pedir
me divertí	elegí	impedí	medí	mentí	pedí
te divertiste	elegiste	impediste	mediste	mentiste	pediste
se divirtió	eligió	impidió	midió	mintió	pidió
nos divertimos	elegimos	impedimos	medimos	mentimos	pedimos
os divertisteis	elegisteis	impedisteis	medisteis	mentisteis	pedisteis
se divirtieron	eligieron	impidieron	midieron	mintieron	pidieron

Reír	Repetir	Seguir	Sentir	Servir	Sonreír
reí	repetí	seguí	sentí	serví	sonreí
reíste	repetiste	seguiste	sentiste	serviste	sonreíste
rio	repitió	siguió	sintió	sirvió	sonrió
reímos	repetimos	seguimos	sentimos	servimos	sonreímos
reísteis	repetisteis	seguisteis	sentisteis	servisteis	sonreísteis
rieron	repitieron	siguieron	sintieron	sirvieron	sonrieron

Fíjate:
Todos los verbos de este grupo son de la tercera conjugación *(-ir)*.

- **O > U**

Dormir	Morir
dormí	morí
dormiste	moriste
durmió	murió
dormimos	morimos
dormisteis	moristeis
durmieron	murieron

Fíjate:
Esta irregularidad solo la tienen los verbos *dormir* y *morir*.

• I > Y

Caer	Concluir	Construir	Contribuir	Creer
caí	concluí	construí	contribuí	creí
caíste	concluiste	construiste	contribuiste	creíste
ca**y**ó	conclu**y**ó	constru**y**ó	contribu**y**ó	cre**y**ó
caímos	concluimos	construimos	contribuimos	creímos
caísteis	concluisteis	construisteis	contribuisteis	creísteis
ca**y**eron	conclu**y**eron	constru**y**eron	contribu**y**eron	cre**y**eron

Destruir	Huir	Leer	Oír	Sustituir
destruí	hui	leí	oí	sustituí
destruiste	huiste	leíste	oíste	sustituiste
destru**y**ó	hu**y**ó	le**y**ó	o**y**ó	sustitu**y**ó
destruimos	huimos	leímos	oímos	sustituimos
destruisteis	huisteis	leísteis	oísteis	sustituisteis
destru**y**eron	hu**y**eron	le**y**eron	o**y**eron	sustitu**y**eron

Verbos con irregularidades propias

Dar	Ir/Ser
di	**fui**
diste	**fuiste**
dio	**fue**
dimos	**fuimos**
disteis	**fuisteis**
dieron	**fueron**

Recuerda:
Las formas de los verbos *ir* y *ser* coinciden en pretérito indefinido. Solo se distinguen por el contexto en que aparecen.

Pretérito imperfecto de indicativo

Verbos regulares

1.ª conjugación -AR CANTAR	2.ª conjugación -ER COMER	3.ª conjugación -IR VIVIR
cant**aba**	com**ía**	viv**ía**
cant**abas**	com**ías**	viv**ías**
cant**aba**	com**ía**	viv**ía**
cant**ábamos**	com**íamos**	viv**íamos**
cant**abais**	com**íais**	viv**íais**
cant**aban**	com**ían**	viv**ían**

Verbos irregulares

Ser	Ir	Ver
era	**iba**	**veía**
eras	**ibas**	**veías**
era	**iba**	**veía**
éramos	**íbamos**	**veíamos**
erais	**ibais**	**veíais**
eran	**iban**	**veían**

Pretérito pluscuamperfecto de indicativo

Verbos regulares

1.ª conjugación -AR CANTAR	2.ª conjugación -ER COMER	3.ª conjugación -IR VIVIR
había cantado	**había** comido	**había** vivido
habías cantado	**habías** comido	**habías** vivido
había cantado	**había** comido	**había** vivido
habíamos cantado	**habíamos** comido	**habíamos** vivido
habíais cantado	**habíais** comido	**habíais** vivido
habían cantado	**habían** comido	**habían** vivido

Participios irregulares

abrir › **abierto**	escribir › **escrito**	poner › **puesto**	romper › **roto**
cubrir › **cubierto**	hacer › **hecho**	prever › **previsto**	satisfacer › **satisfecho**
decir › **dicho**	imprimir › **impreso, imprimido**	resolver › **resuelto**	ver › **visto**
descubrir › **descubierto**	morir › **muerto**	revolver › **revuelto**	volver › **vuelto**

Futuro simple de indicativo

Verbos regulares

1.ª conjugación -AR CANTAR	2.ª conjugación -ER COMER	3.ª conjugación -IR VIVIR
cantaré	comeré	viviré
cantarás	comerás	vivirás
cantará	comerá	vivirá
cantaremos	comeremos	viviremos
cantaréis	comeréis	viviréis
cantarán	comerán	vivirán

Verbos irregulares

Caber	Decir	Haber	Hacer	Poder	Poner
cabré	diré	habré	haré	podré	pondré
cabrás	dirás	habrás	harás	podrás	pondrás
cabrá	dirá	habrá	hará	podrá	pondrá
cabremos	diremos	habremos	haremos	podremos	pondremos
cabréis	diréis	habréis	haréis	podréis	pondréis
cabrán	dirán	habrán	harán	podrán	pondrán

Querer	Saber	Salir	Tener	Valer	Venir
querré	sabré	saldré	tendré	valdré	vendré
querrás	sabrás	saldrás	tendrás	valdrás	vendrás
querrá	sabrá	saldrá	tendrá	valdrá	vendrá
querremos	sabremos	saldremos	tendremos	valdremos	vendremos
querréis	sabréis	saldréis	tendréis	valdréis	vendréis
querrán	sabrán	saldrán	tendrán	valdrán	vendrán

Futuro compuesto de indicativo

Verbos regulares

1.ª conjugación -AR CANTAR	2.ª conjugación -ER COMER	3.ª conjugación -IR VIVIR
habré cantado	**habré** comido	**habré** vivido
habrás cantado	**habrás** comido	**habrás** vivido
habrá cantado	**habrá** comido	**habrá** vivido
habremos cantado	**habremos** comido	**habremos** vivido
habréis cantado	**habréis** comido	**habréis** vivido
habrán cantado	**habrán** comido	**habrán** vivido

Participios irregulares

abrir › **abierto**	escribir › **escrito**	poner › **puesto**	romper › **roto**
cubrir › **cubierto**	hacer › **hecho**	prever › **previsto**	satisfacer › **satisfecho**
decir › **dicho**	imprimir › **impreso, imprimido**	resolver › **resuelto**	ver › **visto**
descubrir › **descubierto**	morir › **muerto**	revolver › **revuelto**	volver › **vuelto**

Condicional simple

Verbos regulares

1.ª conjugación -AR CANTAR	2.ª conjugación -ER COMER	3.ª conjugación -IR VIVIR
cantaría	comería	viviría
cantarías	comerías	vivirías
cantaría	comería	viviría
cantaríamos	comeríamos	viviríamos
cantaríais	comeríais	viviríais
cantarían	comerían	vivirían

Verbos irregulares

Caber	Decir	Haber	Hacer	Poder	Poner
cabría	diría	habría	haría	podría	pondría
cabrías	dirías	habrías	harías	podrías	pondrías
cabría	diría	habría	haría	podría	pondría
cabríamos	diríamos	habríamos	haríamos	podríamos	pondríamos
cabríais	diríais	habríais	haríais	podríais	pondríais
cabrían	dirían	habrían	harían	podrían	pondrían

Querer	Saber	Salir	Tener	Valer	Venir
querría	sabría	saldría	tendría	valdría	vendría
querrías	sabrías	saldrías	tendrías	valdrías	vendrías
querría	sabría	saldría	tendría	valdría	vendría
querríamos	sabríamos	saldríamos	tendríamos	valdríamos	vendríamos
querríais	sabríais	saldríais	tendríais	valdríais	vendríais
querrían	sabrían	saldrían	tendrían	valdrían	vendrían

Presente de subjuntivo

Verbos regulares

1.ª conjugación -AR CANTAR	2.ª conjugación -ER COMER	3.ª conjugación -IR VIVIR
cante	coma	viva
cantes	comas	vivas
cante	coma	viva
cantemos	comamos	vivamos
cantéis	comáis	viváis
canten	coman	vivan

Verbos irregulares

Irregularidades vocálicas

- **E > IE (verbos en -AR y -ER)**

Comenzar	Otros verbos
comience	calentar, cerrar, despertarse, negar, pensar...
comiences	
comience	
comencemos	
comencéis	
comiencen	

Entender	Otros verbos
entienda	encender, perder, querer, tender...
entiendas	
entienda	
entendamos	
entendáis	
entiendan	

- **E > IE + E > I (verbos en -IR)**

Mentir	Otros verbos
mienta	convertir, divertirse, herir, invertir, sentir, sugerir...
mientas	
mienta	
mintamos	
mintáis	
mientan	

- **O > UE (verbos en -AR y -ER)**

Soñar	Poder	Otros verbos
sueñe	pueda	acordarse, acostarse, contar, soler, volver...
sueñes	puedas	
sueñe	pueda	
soñemos	podamos	
soñéis	podáis	
sueñen	puedan	

- **O > UE + O > U**

Dormir	Otros verbos
duerma	morir
duermas	
duerma	
durmamos	
durmáis	
duerman	

- **U > UE**

Jugar
juegue
juegues
juegue
juguemos
juguéis
jueguen

- **E > I**

Pedir	Otros verbos
pida	elegir, reírse, repetir, servir, vestirse...
pidas	
pida	
pidamos	
pidáis	
pidan	

- **I > Y**

Construir	Otros verbos
construya	concluir, contribuir, destruir, huir...
construyas	
construya	
construyamos	
construyáis	
construyan	

Verbos con la primera persona irregular en presente de indicativo

- **Verbos en -ZC-** ***(conduzco, conozco, obedezco, produzco, traduzco)***

Conducir	Conocer	Obedecer	Producir	Traducir
conduzca	conozca	obedezca	produzca	traduzca
conduzcas	conozcas	obedezcas	produzcas	traduzcas
conduzca	conozca	obedezca	produzca	traduzca
conduzcamos	conozcamos	obedezcamos	produzcamos	traduzcamos
conduzcáis	conozcáis	obedezcáis	produzcáis	traduzcáis
conduzcan	conozcan	obedezcan	produzcan	traduzcan

Otros verbos
agradecer, crecer, desaparecer, nacer, ofrecer, parecer, reducir...

- **Otros verbos irregulares en la primera persona *(caigo, digo, hago, oigo, pongo, salgo, tengo, traigo, valgo, vengo)***

Caer	Decir	Hacer	Oír	Poner
caiga	**diga**	**haga**	**oiga**	**ponga**
caigas	**digas**	**hagas**	**oigas**	**pongas**
caiga	**diga**	**haga**	**oiga**	**ponga**
caigamos	**digamos**	**hagamos**	**oigamos**	**pongamos**
caigáis	**digáis**	**hagáis**	**oigáis**	**pongáis**
caigan	**digan**	**hagan**	**oigan**	**pongan**

Salir	Tener	Traer	Valer	Venir
salga	**tenga**	**traiga**	**valga**	**venga**
salgas	**tengas**	**traigas**	**valgas**	**vengas**
salga	**tenga**	**traiga**	**valga**	**venga**
salgamos	**tengamos**	**traigamos**	**valgamos**	**vengamos**
salgáis	**tengáis**	**traigáis**	**valgáis**	**vengáis**
salgan	**tengan**	**traigan**	**valgan**	**vengan**

Verbos con irregularidades propias

Haber	Ir	Saber	Ser	Ver
haya	**vaya**	**sepa**	**sea**	**vea**
hayas	**vayas**	**sepas**	**seas**	**veas**
haya	**vaya**	**sepa**	**sea**	**vea**
hayamos	**vayamos**	**sepamos**	**seamos**	**veamos**
hayáis	**vayáis**	**sepáis**	**seáis**	**veáis**
hayan	**vayan**	**sepan**	**sean**	**vean**

Verbos con cambios gráficos

• G > J	• C > Z	• Z > C	• GU > G	• G > GU	• C > QU
Coger	**Convencer**	**Cazar**	**Distinguir**	**Investigar**	**Tocar**
coja	convenza	cace	distinga	investigue	toque
cojas	convenzas	caces	distingas	investigues	toques
coja	convenza	cace	distinga	investigue	toque
cojamos	convenzamos	cacemos	distingamos	investiguemos	toquemos
cojáis	convenzáis	cacéis	distingáis	investiguéis	toquéis
cojan	convenzan	cacen	distingan	investiguen	toquen

Dar
dé
des
dé
demos
deis
den

Fíjate:
El verbo *dar* lleva una tilde diacrítica en la primera y tercera personas del singular para que no se confunda con la preposición *de*.

Estar
esté
estés
esté
estemos
estéis
estén

Fíjate:
El verbo *estar* cambia la sílaba tónica habitual del presente de subjuntivo en todas las personas del singular y en la tercera del plural.

Pretérito perfecto de subjuntivo

Verbos regulares

1.ª conjugación -AR CANTAR	2.ª conjugación -ER COMER	3.ª conjugación -IR VIVIR
haya cantado	**haya** comido	**haya** vivido
hayas cantado	**hayas** comido	**hayas** vivido
haya cantado	**haya** comido	**haya** vivido
hayamos cantado	**hayamos** comido	**hayamos** vivido
hayáis cantado	**hayáis** comido	**hayáis** vivido
hayan cantado	**hayan** comido	**hayan** vivido

Participios irregulares

- abrir › **abierto**
- cubrir › **cubierto**
- decir › **dicho**
- descubrir › **descubierto**
- escribir › **escrito**
- hacer › **hecho**
- imprimir › **impreso, imprimido**
- morir › **muerto**
- poner › **puesto**
- prever › **previsto**
- resolver › **resuelto**
- revolver › **revuelto**
- romper › **roto**
- satisfacer › **satisfecho**
- ver › **visto**
- volver › **vuelto**

Claves

Unidad 1: Encuentro de culturas

1. **1.** península (no tiene relación con el agua); **2.** cordillera (no tiene relación con el mar); **3.** costa (está a nivel del mar); **4.** desierto (es más seco y apenas hay vegetación).

1a. **1.** lagos; **2.** montañas; **3.** campos/valles; **4.** costa; **5.** península; **6.** cabos; **7.** playas; **8.** mar; **9.** pico; **10.** península; **11.** cordillera; **12.** desierto; **13.** costa; **14.** mar.

2. **Horizontales: 1.** década; **2.** musulmanes; **3.** templos; **4.** etapa; **5.** cristianos. **Verticales: 1.** mezquita; **2.** siglo; **3.** religiones; **4.** iglesias; **5.** creyente; **6.** época; **7.** judíos.

2a. **1.** década; **2.** siglo; **3.** musulmanes; **4.** cristianos; **5.** etapas; **6.** época; **7.** judíos; **8.** creyentes; **9.** templos; **10.** religiones; **11.** Mezquita; **12.** iglesias.

3. **1.** f; **2.** e; **3.** c; **4.** d; **5.** b; **6.** c; **7.** c; **8.** a.

3a. **1.** uno coma siete por ciento; **2.** treinta y cinco punto cinco por ciento; **3.** veinte coma cuatro por ciento; **4.** cuarenta y cinco punto nueve por ciento; **5.** cincuenta por ciento; **6.** trece punto ocho por ciento; **7.** dieciséis coma nueve por ciento; **8.** noventa por ciento.

4. **1.** advierto; **2.** ha asegurado, Ha añadido; **3.** reconoció; **4.** repito; **5.** afirma.

5. **1.** salí/he salido, hacía; **2.** hemos recibido; **3.** dijo, sabíamos; **4.** vino/ha venido, tenía; **5.** fui, estaba; **6.** iba, he visto.

6. **1.** continuamos; **2.** Hicimos; **3.** Dimos; **4.** cayeron; **5.** llegamos; **6.** eran; **7.** dejamos; **8.** nos fuimos; **9.** hemos parado; **10.** hemos paseado; **11.** hemos llegado; **12.** hemos hecho; **13.** hemos tenido/teníamos; **14.** cabíamos; **15.** hemos visitado; **16.** se hizo; **17.** mencionó/menciona; **18.** vivió; **19.** era; **20.** hemos ido; **21.** fueron; **22.** hemos estado; **23.** ha ganado; **24.** hemos llegado; **25.** se estaba; **26.** ha sido; **27.** he visto; **28.** han dicho.

6a. **1.** perfecto (9, 10, 11, 12, 13, 15, 20, 22, 24, 28); **2.** experiencias (23, 26, 27); **3.** indefinido; **4.** terminado (1, 2, 3, 4, 5, 7, 8, 16, 17, 18, 21); **5.** imperfecto; **6.** desarrollo (6, 13, 14, 19, 25); **7.** indefinido/perfecto; **8.** indefinido/perfecto; **9.** imperfecto (5-6, 13-14, 18-19, 24-25).

7. **1.** c, encontramos, habían cerrado; **2.** h, dije, había preparado; **3.** i, había estado; **4.** b, fui, había avisado; **5.** f, llegué, di, había olvidado; **6.** d, Fuimos, habían recomendado; **7.** a, quedaron, habías hecho; **8.** g, Sacó, había estudiado; **9.** e, dije, se había enterado.

7a. **Hablar de un pasado anterior a otro pasado:** habían cerrado, había avisado, había olvidado, habían recomendado, había estudiado; **Hablar de una experiencia que se tiene por primera vez:** había estado, habías hecho; **Expresar la inmediatez de una acción:** había preparado; se había enterado.

8. Respuesta abierta.

9. **1.** Jorge Luis Borges dijo que uno no era lo que era por lo que escribía, sino por lo que había leído; **2.** Pablo Neruda dijo que podían cortar todas las flores, pero que no podían detener la primavera; **3.** Almudena Grandes dijo que había alcanzado a comprender que el tiempo nunca se ganaba y nunca se perdía, que la vida se gastaba, simplemente; **4.** Carmen Martín Gaite dijo que había conocido a mucha gente a lo largo de su vida que, en nombre de ganar dinero para vivir, se lo tomaban tan en serio que se olvidaban de vivir; **5.** Federico García Lorca dijo que en la bandera de la libertad había bordado el amor más grande de su vida; **6.** Francisco de Quevedo dijo que nadie ofrecía tanto como el que no iba a cumplir.

10. **1.** Me preguntó que por qué no había ido el día anterior; **2.** Hemos tenido/Tuvimos problemas con el servidor; **3.** Dijo que no podíamos quedarnos allí porque iba a empezar a llover; **4.** Me ha preguntado si quiero/quería ir con ellos al cine; **5.** Promoveremos el uso de las bicicletas en la ciudad; **6.** Me ha preguntado si me he apuntado a la excursión; **7.** ¿Dónde os conocisteis?; **8.** Laura me contó que aquella era la escuela en la que habían estudiado sus hermanos y ella; **9.** He revisado/Revisé este informe varias veces; **10.** ¡Salgan/Tienen que salir rápidamente de aquí!

11. **Posible respuesta:**

Mensaje 1: Tu madre ha llamado varias veces y ha preguntado que a qué hora llegabas y que por qué no contestabas al teléfono; quiere saber si has llegado para quedarse tranquila; **Mensaje 2:** El centro de salud te recuerda que tienes una cita con el dermatólogo el martes 2 de junio a las cuatro de la tarde. Que si no te es posible ir, puedes cancelar la cita en el 91 200 14 15; **Mensaje 3:** Tu colega Ana pregunta que si sabes dónde está la documentación del señor Gómez, dice que no la encuentra y que si puede buscar por tu mesa; **Mensaje 4:** Tu jefe pregunta si puedes llamarlo después de la reunión y te recuerda que tienes que comentarles a los de Salamanca lo de las jornadas de verano; **Mensaje 5:** La dependienta de la zapatería llamó ayer y dijo que podías pasarte por allí para recoger unas sandalias que habías encargado, pero que cerraban a mediodía; **Mensaje 6:** Tu amiga Lucía te llamó el lunes. Te preguntaba si íbamos a ir al cumpleaños de Carmen, que a ella no le apetecía ir, pero que si íbamos nosotros, ella también, para hablar un poco.

12. **1.** Iberia; **2.** Hispania; **3.** Sefarad; **4.** al-Ándalus.

13. **1.** romana; **2.** judía; **3.** musulmana; **4.** judía; **5.** romana; **6.** musulmana.

13a. **1.** Teatro romano de Mérida; **2.** Sinagoga de Santa María la Blanca, Toledo; **3.** Alhambra de Granada; **4.** Sinagoga de Córdoba; **5.** Arco de Bará, Tarragona; **6.** La Giralda de Sevilla.

14. **1.** c; **2.** e; **3.** d; **4.** b; **5.** a.

Unidad 2: EnREDados

1. 1, 2, 4, 6, 7, 9, 10, 12, 15, 17, 18, 20.

1a. **A.** 9; **B.** 2; **C.** 15; **D.** 10; **E.** 1; **F.** 12; **G.** 6; **H.** 7; **I.** 17; **J.** 4; **K.** 18; **L.** 20.

2. **1.** reenviar; **2.** adjuntar; **3.** compartir; **4.** subir/colgar; **5.** intercambiar; **6.** bajar/descargar.

3. **1.** descargar; **2.** ratón; **3.** antivirus; **4.** pantalla; **5.** lápiz de memoria; **6.** contraseña; **7.** navegador; **8.** enlace; **9.** adjuntar.

4. **1.** reenvias; **2.** adjunto; **3.** instalarte; **4.** crear; **5.** colgar; **6.** intercambiar; **7.** descargarse; **8.** navegas.

5. **1.** un programa; **2.** un archivo; **3.** una imagen; **4.** una cuenta; **5.** un perfil; **6.** una página.

6. **A.** 2; **B.** 3; **C.** 4; **D.** 1.

6a. **1.** B; **2.** D; **3.** A; **4.** C; **5.** D; **6.** A; **7.** C; **8.** B.

7. Respuesta abierta.

8. **1.** hables; **2.** hable; **3.** habléis; **4.** comprenda; **5.** comprendamos; **6.** comprendan; **7.** subas; **8.** suba; **9.** subáis.

9. **1.** pierdas; **2.** pierda; **3.** perdamos; **4.** mienta; **5.** mienta; **6.** mintáis; **7.** mientan; **8.** pueda; **9.** podamos; **10.** puedan; **11.** mueras; **12.** muramos; **13.** muráis; **14.** mueran; **15.** siga; **16.** sigamos; **17.** sigáis.

10. **e › ie:** pensar, querer, comenzar, empezar; **e › ie + e › i:** sentir, preferir, invertir; **o › ue:** recordar, almorzar, volver, llover, volar; **e › i:** impedir, repetir, reír, vestir; **Regulares:** leer, estudiar, imprimir, situar.

11. **1.** hagamos; **2.** construyas; **3.** oigan; **4.** diga; **5.** salgáis; **6.** haya; **7.** sean; **8.** sepáis; **9.** vaya; **10.** traigamos; **11.** conozca; **12.** veas.

11a. **1.** diga; **2.** salgáis; **3.** conozca; **4.** traigamos.

12. **1.** indique; **2.** caiga; **3.** paguen; **4.** impongas; **5.** influya; **6.** reduzca.

13. **Diálogo 1:** hacer una petición, expresar deseo; **Diálogo 2:** pedir permiso, conceder permiso; **Diálogo 3:** pedir consejo o recomendación, dar consejo o recomendación; **Diálogo 4:** pedir permiso, conceder permiso; **Diálogo 5:** dar consejo o recomendación; **Diálogo 6:** expresar prohibición, conceder permiso; **Diálogo 7:** pedir permiso, hacer una petición, expresar deseo, conceder permiso.

14. **1.** c; **2.** e; **3.** a; **4.** b; **5.** d; **6.** f.

15. **1.** C; **2.** I, que me escuches; **3.** I, terminemos; **4.** C; **5.** C; **6.** C; **7.** I, cenemos; **8.** I, llevéis; **9.** C; **10.** I, que veamos; **11.** I, ayudes; **12.** C.

16. **1.** Fija; **2.** Tómatelo; **3.** No enciendas; **4.** vete; **5.** Apaga; **6.** establece; **7.** no caigas; **8.** desactiva; **9.** no te conectes; **10.** Usa; **11.** déjate; **12.** Dedícate; **13.** sal; **14.** practica; **15.** cocina; **16.** No tengas; **17.** adopta; **18.** haz; **19.** desinstala; **20.** Recuerda.

16a. **1.** no fijes; **2.** no te lo tomes; **3.** enciende; **4.** no te vayas; **5.** no apagues; **6.** no establezcas; **7.** cae; **8.** no desactives; **9.** conéctate; **10.** no uses; **11.** no te dejes; **12.** no te dediques; **13.** No salgas; **14.** no practiques; **15.** no cocines; **16.** ten; **17.** no adoptes; **18.** no hagas; **19.** no desinstales; **20.** no recuerdes.

16b. Respuesta abierta.

17. **1.** ábrela; **2.** no las cojas; **3.** no se lo digas; **4.** cómpraselo tú; **5.** envíemelos; **6.** Pedídselas; **7.** no los abráis; **8.** siéntese.

18. **1.** c; **2.** b; **3.** a; **4.** c; **5.** b; **6.** c; **7.** a; **8.** c.

19. **1.** d; **2.** e; **3.** g; **4.** a; **5.** j; **6.** i; **7.** b; **8.** f; **9.** h; **10.** c.

Unidad 3: Un poco de educación

1. **1.** aprendizaje; **2.** cursos; **3.** clases; **4.** asignaturas; **5.** bachillerato; **6.** intercambio; **7.** matrícula; **8.** horarios.

1a. **1.** Instalaciones, aulas, sala de conferencias, secretaría, aula multimedia, biblioteca, sala de profesores, cafetería; **2.** profesor, profesora, estudiantes; **3.** cursos, intensivos, lecciones particulares, *online*, cursos específicos, intercambio; **4.** bachillerato, secundaria; **5.** Asignaturas, Historia, Arte, Literatura; **6.** escuela, aprendizaje, estudiar, clases, estudio, matrícula, horarios.

1b. un curso específico, clases/lecciones particulares, un curso intensivo, programa de intercambio.

2. **1.** b; **2.** c; **3.** c; **4.** b; **5.** a; **6.** c.

3. **1.** Suspendí; **2.** Repito/Estoy repitiendo; **3.** se ha matriculado; **4.** ha pedido/ha solicitado; **5.** apruebe; **6.** sacará; **7.** ha corregido; **8.** hará/va a hacer.

4. **1.** d; **2.** c; **3.** b; **4.** a; **5.** f; **6.** e; **7.** h; **8.** g.

5. Respuesta abierta.

6. **1.** vengáis; **2.** apruebe; **3.** hagamos; **4.** cambie, siga; **5.** salgamos; **6.** sea, pueda.

7. Respuesta abierta.

8. **1.** ¡Que tengáis buen viaje!; **2.** ¡Que cumplas muchos más!; **3.** ¡Que te mejores!; **4.** ¡Que aproveche!; **5.** ¡Que os divirtáis!; **6.** ¡Que tengas suerte!

9. **Posible respuesta:**

Te aconsejo/Te recomiendo/Es recomendable/Es aconsejable que tengas paciencia, que vayas, que te plantees, que te premies, que evites, que leas, que busques, que organices, que utilices, que aprendas, que uses, que apuntes, que las repases, que veas, que distribuyas, que programes, que te unas, que busques.

10. **Posible respuesta:**

1. Por favor, te pido que me dejes terminar este ejercicio;

2. Te suplico que me expliques la situación, quiero entenderla; 3. Os pido que vayáis con él, necesita vuestra ayuda; 4. Le ruego que se siente aquí y espere, por favor; 5. Os pido que salgáis en orden y en silencio.

11. **1.** Está prohibido fumar/que los estudiantes fumen; **2.** Está prohibido circular/que los estudiantes circulen en coche o moto dentro del campus; **3.** Está prohibido llevar/que los estudiantes lleven mascotas a clase; **4.** Está prohibido consumir/que los estudiantes consuman bebidas alcohólicas.

11a. Respuesta abierta.

12. **1.** c; **2.** b; **3.** c; **4.** a; **5.** b; **6.** a; **7.** c; **8.** a; **9.** b; **10.** b.

12a. **Consejo o recomendación:** 4, 7, 8; **Prohibición:** 2, 10; **Permiso:** 10; **Deseo:** 1, 3, 5; **Petición:** 3, 6, 9.

13. **1.** E; **2.** J; **3.** E; **4.** E; **5.** E; **6.** J.

13a. **1.** nos ha rogado; **2.** seamos; **3.** espero; **4.** ponga; **5.** hablemos; **6.** entiendo; **7.** entren; **8.** ha pedido; **9.** llegue; **10.** estudies; **11.** ponga; **12.** suspendo.

14. **1.** disfrute; **2.** sea; **3.** incorpore; **4.** aplique; **5.** lleve; **6.** escuche; **7.** permita; **8.** genere.

14a. Respuesta abierta.

15. **1.** y sacó 376 puntos; **2.** en educación primaria; **3.** un 90 % de cobertura; **4.** educación media superior; **5.** en 2030; **6.** la cobertura universal para 2095; **7.** su formación y sus salarios; **8.** de esa cantidad.

15a. 2, 3.

Unidad 4: ¡Súmate!

1. **1.** desperdiciarás/desperdicias; **2.** tires, reparar; **3.** dejas; **4.** alargar, reutilizar (reutilizarlos); **5.** reciclar, reducir.

2. **Animales en peligro de** extinción: lince ibérico, armadillo, oso polar, colibrí; **Desastres** naturales: sequía, huracanes, inundaciones, tsunamis; **Acción del** hombre: vertidos tóxicos, tala de árboles, generación de residuos, consumismo; **Consecuencias:** deforestación, deshielo, ola de calor, calentamiento global, cambio climático; **Energías** renovables: biomasa, eólica, solar; **Energías** fósiles: carbón, gas, petróleo.

3. **1.** Reducir las emisiones de dióxido de carbono; **2.** Cultivo masivo de alimentos; **3.** Pérdida del hábitat natural; **4.** Apostar por el consumo responsable; **5.** Recogida selectiva de basura; **6.** Luchar contra el cambio climático.

4. Respuesta abierta.

5. **1.** contaminar, contaminado/a; **2.** el reciclaje, reciclado/a; **3.** reutilizar, la reutilización; **4.** ahorrar, ahorrado/a; **5.** la extinción, extinguido/a; **6.** reducir, la reducción; **7.** talar, la tala; **8.** la deforestación, deforestado/a.

6. **A.** 2; **B.** 6; **C.** 3; **D.** 4; **E.** 5; **F.** 1.

6a. **1.** eléctrico; **2.** bicicletas; **3.** bici; **4.** transporte; **5.** reducir; **6.** vehículos/coches; **7.** efecto invernadero; **8.** petróleo; **9.** vertido; **10.** limpieza; **11.** medioambiental; **12.** flota; **13.** río; **14.** deforestación; **15.** preservar; **16.** bosques; **17.** incendios; **18.** tala; **19.** agricultura.

7. **1.** c; **2.** a; **3.** b; **1.** podemos; **2.** tenemos; **3.** es; **4.** trabajo; **5.** es; **6.** dependa; **7.** tiene; **8.** tiene; **9.** puede; **10.** están; **11.** es; **12.** tienen; **13.** son; **14.** tienes; **15.** sean; **16.** debemos.

7a. Respuesta abierta.

8. **A.** 2, Gentrificación en las ciudades; **B.** 3, Construcción de un *macroparking* subterráneo en el barrio; **C.** 1, Creación de superislas en las ciudades.

8a. **1.** permitan, A; **2.** habilitar, C; **3.** se modernicen, abran, haya, A; **4.** prohibir, C; **5.** intenten, B; **6.** apostar, pueda, B.

9. **1.** tiene; **2.** puede; **3.** dependemos; **4.** seamos; **5.** entendamos; **6.** debemos.

10. **1.** indicativo; **2.** subjuntivo; **3.** indicativo; **4.** infinitivo; **5.** subjuntivo; **6.** indicativo; **7.** subjuntivo.

11. **1.** I, Es una suerte que **podamos**...; **2.** C; **3.** I, **Está** muy bien...; **4.** I, ... no parece que **vayan** a venir; **5.** C; **6.** I, No está tan claro que nos **dejen**...; **7.** C; **8.** I, ¿No te parece que Sergio **está**...? Creo que se ha enfadado.

12. Respuesta abierta.

13. **Mariposas monarca:** 4, 6; **Glaciar Perito Moreno:** 2, 5; **Río Amazonas:** 1, 3.

14. **1.** F, viajan desde los bosques de Canadá y Estados Unidos hasta el estado mexicano de Michoacán; **2.** V; **3.** F, es el 90 %; **4.** V; **5.** V; **6.** F, la principal amenaza es tala indiscriminada de árboles.

15. **1.** d; **2.** c; **3.** a; **4.** f; **5.** b; **6.** e.

15a. Respuesta abierta.

Unidad 5: Para siempre

1. **1.** Carmen es responsable; **2.** Antonio es un poco inseguro; **3.** No es fácil ganar la confianza de Julia; **4.** José no es tan gracioso como Antonio.

1a. **1.** ... un poquito arrogante; **2.** Yo creo que, en realidad, es un poco inseguro; **3.** Julia es bastante introvertida, muy calladita.

2. **1.** d; **2.** a; **3.** e; **4.** g; **5.** h; **6.** f; **7.** c; **8.** b.

3. **in-:** maduro/a, fiel, seguro/a, sociable; **im-:** paciente; **i-:** responsable; **des-:** confiado/a, agradable, agradecido/a, honesto/a.

3a. Respuesta abierta.

4. 2. **Posibles ejemplos:** *Juan peca de bueno; María peca de ser demasiado confiada...*

5. **1.** trabajadoras; **2.** sociables; **3.** alegres; **4.** tímidos; **5.** pesimistas; **6.** inseguros; **7.** impacientes; **8.** responsables; **9.** sensibles; **10.** orgullosos; **11.** optimistas; **12.** maduros; **13.** sinceras; **14.** tranquilos.

6. **1.** g; **2.** a; **3.** e; **4.** b; **5.** f; **6.** d; **7.** c.

7. **1.** le gusta, hagas; **2.** Nos encantan; **3.** te interesa, contraten; **4.** Prefieres, ponga; **5.** te gusta, hablar; **6.** le interesa, hacer; **7.** le encanta, vayamos.

8. Respuesta abierta.

9. 2, 3, 5.

10. **Posible respuesta:**

1. me aburre; **2.** les preocupa; **3.** le sorprende; **4.** Te importa; **5.** les molesta/fastidia; **6.** nos agrada/alegra; **7.** te indigna; **8.** le fastidia/molesta.

11. **1.** A Alberto le da mucha rabia que Laura escuche la música tan alta; **2.** A Alberto le pone nervioso que Blanca y Jorge hablen de fútbol; **3.** A Blanca le pone de mal humor que Alberto hable de política; **4.** A Blanca le da pena que Jorge tome tanta comida rápida; **5.** A Laura le pone furiosa que Ernesto gaste tanto papel y que no recicle nada; **6.** A Laura le pone contenta que Alberto hable de política; **7.** A Ernesto le da rabia que Alberto sea tan desordenado y que sea impuntual; **8.** A Sofía le pone furiosa que Jorge juegue a videojuegos en la oficina; **9.** A Ernesto y a Sofía les pone nerviosos que Blanca cambie cosas de sitio en la oficina; **10.** A Sofía le pone de muy mal humor que Ernesto caliente pescado a la hora de comer.

12. **Posible respuesta:**

1. Me da pena/Me da lástima/Me pone triste que haya tanta gente que no tiene lo necesario para vivir; **2.** La gente que habla sin pensar (me) da vergüenza/me pone nervioso/a; **3.** Me da pena/Me da lástima/Me pone triste que abandonen a los perros; **4.** Me da igual/Me da lo mismo/(No) Me importa lo que piensen los demás; **5.** Las enfermedades me dan miedo; **6.** Tomar mucho café me pone nervioso/a; **7.** Me da asco que los cubiertos estén sucios.

13. Respuesta abierta.

14. **1.** sea; **2.** habla; **3.** pueda; **4.** entienda; **5.** está; **6.** corten; **7.** mida; **8.** gustan.

14a. **1.** indicativo, ejemplos 2, 5, 8; **2.** subjuntivo, ejemplos 1, 3, 4, 6, 7.

15. **a.** 4; **b.** 1; **c.** 5; **d.** 6; **e.** 2; **f.** 3.

15a. Respuesta abierta.

16. 2, 3, 5, 6, 8.

17. **Casa Lleó Morera:** 3, 5, 6; **Casa Amatller:** 2, 3, 5; **Casa Batlló:** 1, 3, 4, 5.

18. **1.** a; **2.** d; **3.** g; **4.** c; **5.** e; **6.** b; **7.** f.

Transcripciones

Unidad 1

[1]

6 de cada 10 españoles se declaran católicos, pero solo el 17.6 % va a la iglesia, según el último barómetro del Centro de Investigaciones Sociológicas. Apenas un 1.7 % dice pertenecer a otra religión distinta a la católica.

Según el barómetro, el 10.7 % de los españoles se considera agnóstico, mientras que los indiferentes o no creyentes suman el 11.7 % y los ateos, el 13.1 %. En total, un 35.5 %.

Además, casi 3 de cada 10 ciudadanos no quieren saber nada de la Iglesia católica.

Las cifras son especialmente rotundas en Cataluña donde a un 45.9 % de los catalanes (si sumamos al 2.2 de los que profesan otra religión) no les importa la Iglesia.

La situación se repite en otras regiones, como la Comunidad Valenciana, donde los practicantes apenas llegan al 13.8 %, o el País Vasco, con un 16.9 % de católicos practicantes. En la Comunidad de Madrid, los católicos practicantes representan un 20.4 % de la población.

Por contra, en la comunidad de La Rioja, los que se definen como católicos llegan al 90 % (40 % practicantes y 50 % no practicantes).

¿Cuál es la razón? Tal y como admiten los obispos, a la progresiva secularización de la sociedad española, que afecta más a las regiones más industrializadas y con mayor índice cultural e interreligioso, como Cataluña, Madrid, Comunidad Valenciana o País Vasco; mientras que en Castilla-La Mancha, Castilla y León, Extremadura o Andalucía la presencia de la Iglesia católica continúa siendo predominante.

Adaptado de https://www.eldiario.es/sociedad/Espana-catolica-creyentes-catolicos-practicantes_0_926707871.html

[2]

Tiene varios mensajes nuevos.

Mensaje recibido hoy a las nueve y cuarenta.

María, ¿a qué hora llegabas a Salamanca? ¿Y por qué no me contestas al teléfono? Te he llamado ya tres veces. Ya sé que tienes mucho trabajo y no te quiero molestar, pero sabes que no me quedo tranquila hasta que no me dices que has llegado bien. Un beso, hija.

Mensaje recibido hoy a las diez y quince.

Este es un mensaje para María Rodríguez Peña. Le recordamos que tiene una cita en la consulta de su dermatólogo el próximo martes 2 de junio a las 16 horas. Si no le es posible asistir ese día, puede cancelar la cita llamando al 91 200 14 15. Muchas gracias y buen día.

Mensaje recibido hoy a las diez y veinticuatro.

Hola, María, ¿qué tal? Soy Ana. Mira, perdona que te moleste, pero ¿tú sabes dónde dejamos la documentación del señor Gómez? Es que la estoy buscando en el archivador y no la encuentro. ¿Estará por tu mesa? No quiero tocar nada sin tu permiso. Ya me dices... ¡Suerte en Salamanca!

Mensaje recibido hoy a las once y diez.

Hola, María. Soy Roberto, ¿qué tal por Salamanca? ¿Puedes llamarme después de la reunión? Por cierto, acuérdate de que tienes que comentarles lo de las jornadas de puertas abiertas para este verano. A ver qué les parece la idea. Un abrazo.

Mensajes antiguos

Mensaje de ayer a las trece veintitrés.

Buenos días, Sra. Rodríguez. Le llamamos de la zapatería A tus pies. Es para recordarle que ya puede pasarse por aquí para recoger las sandalias que encargó. Nuestro horario es de diez a dos y de cinco a ocho y media de la tarde. Buenos días y muchas gracias.

Mensaje recibido el lunes 25 de mayo a las doce.

¡Hola, linda! Soy Lucía. A ti no hay forma de localizarte... Una cosa, ¿ustedes van a ir al cumpleaños de Carmen? Es el domingo que viene, ¿no? A mí no me apetece mucho, la verdad, pero si ustedes van, yo también, para vernos y platicar un poco.

[3]

Profesor: Vamos a ver ahora imágenes de algunos monumentos que se encuentran en España y que pertenecen a diferentes culturas. La primera es de un teatro romano que fue construido en el siglo primero antes de Cristo.

Alumna: Se encuentra en Lérida, ¿verdad?

Profesor: En Lérida no, en Mérida, la capital de Extremadura... La segunda imagen es de la Sinagoga de Santa María la Blanca, que se encuentra en Toledo y fue construida en el siglo XII; es una de las dos sinagogas que se conservan en esta ciudad. La siguiente...

Alumna: Esta la conozco. Es la Alhambra, una fortaleza árabe.

Profesor: Pues sí, es la Alhambra, ¿y sabes dónde se encuentra?

Alumna: En Granada. Estuve allí y la visité.

Profesor: ¿Te gustó?

Alumna: Me encantó, es increíble. Esta foto también es de la Alhambra, ¿no?

Profesor: No, qué va... Es de la Sinagoga de Córdoba.

Alumna: Muy bonita...

Profesor: El siguiente monumento también es romano, se

trata del Arco de Bará, del siglo primero antes de Cristo, como el Teatro de Mérida.

Alumna: ¿Dónde se encuentra?

Profesor: A 20 kilómetros de Tarragona, en Cataluña. Y el último monumento seguro que lo conoces...

Alumna: ¡Ah, sí! Es la Giralda y está en Sevilla.

Profesor: Pero ¿sabes de qué época es?

Alumna: Es una torre árabe, pero no sé cuándo la construyeron.

Profesor: En el siglo XII, formaba parte de la mezquita principal de la ciudad.

Unidad 2

[4]

1. Primero te tienes que descargar la aplicación. Puedes hacerlo desde el ordenador o desde tu móvil. Después debes introducir tu nombre completo, tu correo electrónico o tu número de móvil y crear una contraseña y un nombre de usuario. También lo puedes hacer desde tu perfil de Facebook; así es más fácil porque se usan los datos que esta red social ya tiene de ti. Recuerda que, al registrarte, aceptas sus condiciones y política de privacidad; pero no te preocupes, tu correo electrónico y tu número de teléfono no se hacen públicos.
2. A mí me parece el mejor invento. Antes tenía el disco duro demasiado lleno y mi ordenador iba muy lento. Además, ahora me organizo mucho mejor y tardo menos en localizarlo todo; cuando trabajas en equipo eso es importante. También me permite conectarme desde distintos lugares sin el miedo de olvidarme del disco duro o del lápiz de memoria; solo necesito mi nombre de usuario o contraseña y una buena conexión a internet. Yo con la versión gratuita tengo suficiente, y además mis archivos están protegidos de amenazas de virus.
3. Primero tienes que ir a la parte superior de la sección de noticias o a la biografía y hacer clic en "Publicación". Después agrega una actualización de texto o haz clic en el tipo de publicación que quieras compartir (por ejemplo, foto o vídeo, sentimiento, actividad...). Selecciona también dónde quieres compartirla. ¡Ah! Y te recomiendo que no lo hagas todo público; para eso tienes que hacer clic en "Compartir" y seleccionar a las personas que quieres que vean tu publicación.
4. Si tienes problemas para instalarlo, posiblemente es porque ya tienes una versión anterior. En ese caso, te aconsejo desinstalar antes esa versión: pincha en "Programas y características", confirma si en el listado aparece Skype y, si es así, elimínalo. Después, solo tienes que descargarlo de nuevo, seleccionar si lo quieres instalar para Windows, Mac o Linux y seguir los pasos. ¡Espero haberte ayudado!

[5]

1.

▶ ¿Te importa que nos encontremos un poco más tarde? Es que quiero pasarme antes por casa de mi mamá y voy a ir un poco justa de tiempo.

▷ Sí, claro, sin problema. ¿A qué hora te va bien?

2.

▶ ¿Me permite que coja el bolígrafo para rellenar el formulario? Pensé que llevaba uno en el bolso, pero no lo encuentro.

▷ Sí, claro, cójalo, está ahí para los clientes.

3.

▶ Es que ya no sé qué hacer con este niño... Últimamente se porta muy mal y me paso el día regañándolo... ¿Tú qué hiciste con Sergio cuando tenía su edad?

▷ Pues ya sabes que cada niño es un mundo, pero yo te aconsejo que no te fijes tanto en lo que hace mal y que lo felicites alguna vez por lo que hace bien. A mí me funcionó.

▶ Ay, pues igual tienes razón. Es que además yo no tengo paciencia y...

4.

▶ Profesora, ¿puedo ir al baño? Es que se me ha roto el boli y me he manchado de tinta las manos y la camiseta.

▷ Sí, claro, anda, ve, corre.

5.

▶ Te sugiero que no hagas mucho caso de lo que dice Alberto.

▷ ¡Anda! ¿Por qué dices eso?

▶ No sé, es que no me fío mucho de él. Yo creo que dice una cosa u otra dependiendo de con quién habla.

6.

▶ ¡Jaime, te prohíbo que enciendas el ordenador antes de que termines los deberes! Ya no sé cómo tengo que decírtelo...

▷ ¡Pero, mamá, si es precisamente para hacer los deberes! El profesor nos ha mandado buscar información para hacer un trabajo. ¿Qué quieres, que me la invente?

▶ Bueno, pues a ver lo que buscas, que no me fío...

7.

▶ ¡Mamá, por favor! ¡Déjame ir al concierto con Sara! ¡Te lo suplico!

▷ ¡Ay, Carlota! Que ya te he dicho que no quiero que vayáis tan tarde... y solas...

▶ ¡Que no, mamá! ¡Que vamos con la hermana de Sara, que tiene 18! ¡Por favor!

▷ ¿Seguro que va la hermana de Sara?

▶ ¡Que sí, que sí! Ya verás, llamamos ahora mismo a su madre.

▷ Vale, vale. Si va la hermana de Sara, sí, pero con esa condición.

▶ ¡Gracias, mamá!

[6]

1.

▶ Perdone, señora, ¿puedo abrir la ventana?

▷ Sí, claro, ábrela.

2.

▶ ¿Te importa si cojo estas fresas?

▷ No, no las cojas, las voy a usar yo para hacer un pastel.

3.

▶ ¿Les decimos a los niños ya dónde vamos a ir de vacaciones?

▷ No, no se lo digas aún, que se ponen muy nerviosos.

4.

▶ ¿Quieres que le compre yo el regalo a mamá?

▷ Sí, cómpraselo tú, que conoces mejor sus gustos.

5.

▶ Buenos días, señor Luján, ¿quiere que le envíe los informes por correo electrónico?

▷ Sí, envíemelos, muchas gracias.

6.

▶ ¿Tú sabes a quién le podemos pedir las llaves del garaje?

▷ Pedídselas a Pepe, creo que fue el último que las usó.

7.

▶ ¿Podemos abrir ya nuestros regalos?

▷ No, no los abráis aún, esperad a que estemos todos.

8.

▶ ¿Le importa si me siento aquí? Es que hoy he caminado mucho y estoy muy cansado.

▷ No, claro, siéntese. ¿Se encuentra bien?

Unidad 3

[7]

Eva: Javi, la profesora de Literatura nos ha rogado que mañana seamos muy puntuales, lo ha repetido varias veces... ¿Crees que ha querido avisarnos de algo?

Javi: Espero que no nos ponga un examen sorpresa porque yo no estoy nada preparado.

Eva: No creo... Seguramente quiere que hablemos del trabajo que hay que hacer para fin de curso.

Javi: ¿Sí? Todavía queda mucho y antes tenemos que leer algunos libros, pero ojalá sea para eso.

Eva: Tal vez está un poco enfadada porque mucha gente ha llegado tarde a clase esta semana. No entiendo por qué deja que entren algunos hasta media hora tarde.

Javi: Bueno, depende... A Silvia le ha pedido un par de veces esperar fuera hasta el final de la clase.

Eva: Es cierto. En cualquier caso, creo que debería prohibir que la gente llegue después que ella.

Javi: Sí, estoy de acuerdo, debería hacerlo.

Eva: Bueno, de todas formas yo te aconsejo que estudies un poco para mañana, por si hay examen. Ojalá lo ponga, porque esta semana he estudiado bastante.

Javi: No digas eso, Eva, por favor, que yo suspendo seguro.

Eva: Ja, ja, ja, que es broma, ¡cómo voy a querer hacer un examen...! Mañana saldremos de dudas.

Javi: Vamos a ver...

[8]

En la región de América Latina y el Caribe, aunque todavía se presentan algunas carencias, en los últimos años los sistemas educativos han podido cubrir buena parte de las necesidades de la población y los resultados se están viendo. Por ejemplo, Colombia participó en las pruebas Pisa en el año 2012 y sacó 376 puntos. Luego, en 2015, obtuvo un resultado de 416 puntos.

De acuerdo con otras cifras presentadas por los expertos, para 2030 América Latina tendrá un 96.6 % de cobertura en educación primaria, y para 2042 se espera que la cobertura sea universal en este nivel. En cuanto a la educación media, para 2030 se espera que la región tenga un 90 % de cobertura y que en 2066 sea total. Por último, en educación media superior, la cobertura será de un 72.7 % en 2030 y se calcula que alcanzará la cobertura universal para 2095.

Al mismo tiempo, un tema preocupante para la región es el de los maestros, su formación y sus salarios. Los profesores de América Latina ganan menos que otros profesionales. Los docentes de preprimaria y primaria ganan el 76 % de lo que reciben otros profesionales o técnicos, mientras que los profesores de secundaria ganan el 88 % de esa cantidad.

Adaptado de https://www.semana.com/educacion/articulo/informe-unesco-sobre-educacion-en-america-latina/542592

Unidad 4

[9]

1. **El Gobierno destina 100 millones para fomentar el uso del coche eléctrico y la movilidad sostenible**

   El Gobierno ha aprobado este martes la segunda edición del programa MOVES, siglas de Movilidad Eficiente y Sostenible, que busca incentivar el uso del coche eléctrico y de otras formas de movilidad sostenible. En esta ocasión se invertirán 100 millones, 55 más que el año pasado. La mayor parte de este dinero irá destinado a ayudas para la compra de vehículos eléctricos e híbridos enchufables, con cantidades que podrán llegar hasta los 5500 euros. Pero el plan también incluye otro tipo de acciones, como el apoyo al alquiler de bicicletas eléctricas, la conversión de carriles convencionales en carriles bici o ayudas al transporte público.

   Con estas medidas el Gobierno se suma al reto de la Unión Europea, que pretende reducir en un 15 % el uso de vehículos contaminantes –principales responsables de las emisiones de gases de efecto invernadero en las ciudades– para 2025 y en un 37.5 % para 2030.

2. **Estado de emergencia por el vertido de 21 000 toneladas de petróleo en el Ártico**

   El derrame se produjo el pasado viernes a causa de un accidente en la central termoeléctrica de la ciudad siberiana de Norilsk y podría ser el mayor vertido registrado en la historia en la zona del Ártico ruso.

   Empresas y entidades federales de Rusia ya se han trasladado al lugar para hacer frente a lo que muchos ya consideran un desastre medioambiental sin precedentes y que ha causado daños ecológicos que, según los expertos, tardarán una década en ser reparados. Mientras se trabaja a contrarreloj en las labores de limpieza, drones y helicópteros supervisan la zona del desastre y han captado las imágenes de la enorme mancha que flota en la superficie del río Ambarnaya.

3. **América Latina concentra la mayor deforestación de 2019**

   Datos demoledores recogidos por Global Forest Watch, GFW, colocan a cinco países de América Latina al margen de los esfuerzos globales por preservar el medioambiente. Brasil encabeza la lista de naciones con mayor deforestación. Le siguen Bolivia, Perú, Colombia y México, que, en total, perdieron 11.9 millones de hectáreas de bosques en 2019.

   Señala el informe que "en 2019 cada seis segundos desapareció un bosque tropical del tamaño de un estadio de fútbol".

   Esta concentración de deforestación en América Latina, que conlleva graves consecuencias como el aumento de emisiones de dióxido de carbono, se debe, en gran parte, a los numerosos incendios en la Amazonía y a la tala de árboles para realizar actividades de agricultura intensiva.

Adaptado de www.elpais.com, www.serauto.es, www.eitb.eus, www.efeverde.com y www.cambio16.com

[10]

1. La movilidad del futuro, nos guste o no, pasa por la reducción en el uso del coche privado, dando más prioridad al transporte público, a las bicicletas y a los vehículos compartidos. En el nuevo Plan de Movilidad del Ayuntamiento de la ciudad se contempla la creación de "superislas", una serie de bloques de pisos unidos y con su interior cerrado al tráfico. Dentro de estas manzanas o "islas" y en sus intersecciones se instalarán espacios comunes para el disfrute de los peatones: parques, terrazas, comercios e, incluso, gimnasios al aire libre. Mientras, el tráfico rodeará el perímetro de la superisla, una "isla de tranquilidad" en plena ciudad.

   Sobre el papel parece una buena idea: se reducirá el tráfico, el ruido y la contaminación, y a cambio se liberará espacio para otras actividades. Pero ¿serán todo ventajas?
2. Aunque parecía que solo afectaría a la zona centro, finalmente la gentrificación se extiende por otros barrios de la ciudad. Y es que ninguna capital con cierto interés turístico y económico parece librarse de este fenómeno, que ha adquirido especial relevancia en los últimos años y que consiste, básicamente, en la transformación de un espacio urbano deteriorado mediante la rehabilitación de edificios. Esto, que en principio parece positivo, no lo es tanto si se tiene en cuenta que el deterioro previo ha podido ser intencionado y que la "transformación" en realidad significa revalorizar la zona para especular con el precio de la vivienda y de los alquileres. Como consecuencia, los residentes tradicionales se ven obligados a abandonar sus casas y a marcharse a otros barrios más periféricos y económicos, mientras que este "nuevo" espacio es ocupado por clases sociales con mayor capacidad económica y por grandes empresas y fondos de inversión.
3. El nuevo proyecto presentado por el Ayuntamiento para reformar la avenida de la Paz y convertirla en un lugar más "sostenible" se ha presentado rodeado de polémica. La "causa verde" del Gobierno municipal, que consiste en suprimir carriles para el vehículo privado, dejar espacio para un carril bus en cada sentido, eliminar la zona de estacionamiento para ensanchar las aceras e instalar un carril bici, está encontrando su principal obstáculo en la construcción de un aparcamiento subterráneo de 1000 plazas junto al parque de la Amistad, Bien de Interés Cultural de la ciudad. Aunque, según el alcalde, la intención es mejorar el entorno para los vecinos del barrio, estos se oponen en rotundo y han reunido ya 35 000 firmas en contra de la construcción del *macroparking*.

Adaptado de www.diariomotor.com, www.telemadrid.es, www.publico.es y www.eleconomista.es

Unidad 5

[11]

Conozco a mucha gente con la que tengo una buena relación, compañeros de cuando estudiaba en la facultad y también de los sitios donde he trabajado; pero amigos de verdad, de esos que puedes considerar como parte de tu familia, tengo cuatro: Carmen, Antonio, Julia y José. Los cuatro son muy diferentes, tanto que es increíble que nos llevemos así de bien. Carmen es muy seria, no le gustan nada las bromas. Es también una persona muy responsable y trabajadora, aunque a veces demasiado impaciente y un poquito arrogante, pero no importa demasiado porque, sobre todo, es una persona buena y generosa.

Antonio, en cambio, es muy divertido y gracioso, siempre está haciendo bromas. Yo creo que, en realidad, es un poco inseguro y por eso busca con su simpatía la aceptación de los demás.

Julia es bastante introvertida, muy calladita; no es fácil ganar su confianza, pero cuando lo consigues, descubres que es una persona muy agradable e interesante. Es muy creativa e inteligente, y estoy segura de que triunfará como artista… ¡Ah! No lo he dicho, es que Julia es fotógrafa.

Y luego está José. Somos amigos desde la infancia, empezamos juntos el colegio. José es muy simpático y extravertido aunque no tan gracioso como Antonio; en mi opinión, es quizá demasiado sociable porque a veces se relaciona con personas que no le convienen nada, pero es que a él todo el mundo le parece bueno, es muy confiado. Así son, a grandes rasgos, mis mejores amigos.

[12]

1. Buscamos un piso o una casa que tenga al menos dos dormitorios, que se encuentre en una urbanización con zonas ajardinadas o que esté muy cerca de algún parque. Debe ser una vivienda que esté sin amueblar, porque queremos llevar nuestros propios muebles, y que no cueste más de 1200 euros.
2. Necesito rentar un cuarto en un departamento compartido o un estudio que esté cerca del centro o de la universidad, que tenga aire acondicionado porque no soporto el calor y que no cueste más de 600 euros al mes.
3. Estoy buscando una vivienda que tenga dos dormitorios, que disponga de una terraza amplia, que se encuentre cerca del centro o que esté muy bien comunicada y que, además, esté amueblada. Debe tener un precio que no supere los 900 euros mensuales.
4. Quiero alquilar una habitación en un piso compartido o un estudio, siempre que el precio no sea superior a 600 euros al mes. Necesito un piso que sea céntrico, que disponga de baño propio, en el caso de que se trate de un piso compartido, y que tenga una plaza de garaje disponible para no estar buscando siempre dónde aparcar.
5. Busco un apartamento o un estudio que se encuentre en el centro o cerca de este, que tenga una cocina totalmente equipada y que esté amueblado o que disponga, por lo menos, de los muebles principales: sofá, armarios, mesa... También es importante que tenga mucha luz y que disponga de un sitio donde aparcar o de una plaza de garaje.
6. Estamos buscando una vivienda para alquilar: una casa o un piso que tenga dos dormitorios, que esté amueblado y que, si no está muy cerca del centro, esté al menos bien comunicado. Buscamos algo que nos cueste entre 900 y 1200 euros al mes. Imprescindible que tenga zonas ajardinadas o parque infantil porque tenemos un niño.

Notas

Notas

Notas

Notas

Notas